머리말

문화는 역사고, 역사는 문화다!

한 나라의 문화는 역사고 역사는 바로 그 나라의 문화인 것입니다.
단적으로, 그 나라의 문화는 역사를 대변하는 척도로서 역사는 또 한 그들의 문화와 문화재를 보면 알 수 있는 것입니다.
그래서 역사와 문화는 뗄래야 뗄 수없는 불가분의 관계로 문화와 역사는 세월의 벽을 넘어 함께 성장해 온 것입니다.

앞서 발간된 「문화유산을 찾아서」 전 13권을 보면 알 수 있듯이 진정한 책은 '읽을거리' '볼거리' '생각거리'의 삼박자를 충족시켜야만 책이라고 할 수 있듯이 이번에 발간되는 '조선왕릉' '한국의 불상' '한국의 탑' '한국의 건축물'은 초등학생에서부터 성인에 이르기까지 모든 독자층을 만족시킬 수 있는 세밀하면서도 아기자기하게 꾸민 알찬 책이라고 자부 할 수 있을 것입니다.
사람의 인격이 하루 아침에 이루어지지 않듯이 문화재에 관한 도서는 어지 간히 발품을 팔지 않고서는 만들 수가 없는 것은 전국 도처에 산재한 문화재를 일일이 찾아 그 모습을 촬영하고 고증을 찾아 사실여부를 증명 하여야만 하는 것이니 실로 힘들고 고된 작업 이었습니다.
'역사를 잊은 민족에게 미래가 없고' '문화를 잊은 민족은 영혼이 없는 것' 과 마찬가지로 역사를 바로 알고 문화를 지켜야만 민족혼이 영위되는 것입니다.
이제 우리 스스로 우리 것을 지키고 바로 알아 자랑스러운 민족임을 긍지로 삼고 후손에게 물려주어야 할 것입니다.
좋은 책 한 권이 사람의 인생을 좌우하는 것처럼 자신의 인생을 바른 책, 양심적인 책으로 개척하시기 바랍니다.

2016년 초여름
현묵 김광호

한눈으로 보는 한국의 탑

차례

머리말

1. 한국의 탑 | 5
2. 우리나라 탑의 역사 | 5
3. 탑의 형식 | 5
4. 탑의 종류 | 7
　목탑 · 석탑 · 전탑 · 모전석탑

5. 시대별 석탑의 특징
　백제시대의 석탑 | 7
　신라시대의 석탑 | 7
　고려시대의 석탑 | 9
　조선시대의 석탑 | 9

6. 탑의 연대 구분방법 | 9
7. 우리나라 주요 사탑의 연대기 | 9
　• 서울특별시 | 11
　• 경기도(인천광역시) | 11
　• 충청남도 | 13
　• 충청북도 | 13
　• 전라남도(광주광역시) | 15
　• 제주특별자치도 | 15
　• 전라북도 | 17
　• 강원도 | 17
　• 경상남도 · 울산광역시 · 부산광역시 | 19
　• 경상북도 | 21
　• 대구광역시 | 23

상륜부

1. **찰주**: 상륜을 세우기 위한 중심부재로, 일반적으로 방형의 노반과 앙화를 모두 3중의 탑신부에서부터 고정되며 노반, 복발, 앙화, 보륜 등 각각의 부재들을 꿰어 상륜부를 구성하며 탑의 끝이 뾰족합니다.

2. **보주**: 탑의 찰주 끝에 달린 구슬 모양의 장식입니다.

3. **용차**: 보주와 수연 사이에 있는 구슬 모양의 장식품입니다.

4. **수연**: 보개 위에 올려져 있는 불꽃 모양의 장식품으로, 화재를 깨는 습에 독이 붙어 인연에 있는 이름을 피하여 수연이라 하였습니다.

5. **보개**: 단집 모양의 부분으로 보륜 위에 위치하며 탑의 사리를 봉안하고 있음을 상징적으로 표현하는 것입니다.

6. **보륜**: 상륜의 중심 부분으로, 바퀴 모양의 테 장식이며, 부처의 기른침과 공덕을 의미합니다.

7. **앙화**: 복발 위에 꽃잎을 위로 향하여 벌려놓은 것 같은 모양입니다.

8. **복발**: 노반 위에 발우를 엎어 놓은 것 같은 모양입니다.

9. **노반**: 상륜부의 기조가 되는 방형의 부재 순번받을 줄여 이르는 말입니다.

탑신부

10. **옥개석**: 탑신석 위에 놓는 지붕같이 생긴 돌입니다.

기단부 위에 놓이는 탑의 몸체 부분을 말합니다. 탑신부는 기둥 모양의 몸돌(옥개석)로 이루어져 있습니다. 즉, 옥개석(석탑 위에 지붕처럼 덮는 것이 탑신, 즉 탑의 몸체이지요. 우리가 '3층탑', '5층탑'이라고 하는 것이 탑신의 숫자를 가지고 부르는 이름입니다. 그리고 사리는 바로 이 탑신에 모셔지게 됩니다.

한국의 탑

탑이란 산스크리트어 stūpa, 팔리어 thūpa의 음사인 탑파(塔婆)의 한역어로, 공양하고 예배하기 위해 일정한 형식에 따라 흙·벽돌·나무·돌 등을 쌓은 구조물을 말합니다. 원래는 부처의 유골을 안치한 구조물을 탑이라 하고, 그것을 안치하지 않는 것을 지재(산스크리트어 caitya)라고 하였으나, 보통 구별하지 않고 모두 탑이라고 합니다.

우리나라 탑의 역사

탑은 통상보다도 건립 시기가 빠른 것으로, 인도에서는 이미 기원전 2세기부터 건립되었고, 우리나라의 경우에는 불교 도입 초기부터 탑이 건립이 성행하였습니다. 탑은 원래 석가모니의 진신 사리를 모시기 위해 만든 축조물로, 이후로 독특한 기술이 뒷받침 된 우리나라에서는 석탑이 많이 세워졌습니다. 불교가 전래된 4세기 무렵에는 주로 목탑이 세워졌으나, 백제시대 익산의 미륵사지 석탑(국보 제11호)부터 7세기 경에는 가장 받는 제19호를 비롯해 독립된 양식의 석탑을 건립하기 시작합니다. 신라시대에 이르러 다양한 형태의 탑을 다양해집니다. 통일신라시대에 경주 분황사 석탑(국보 제30호)과 다보탑(국보 제20호) 등으로 이어진 석탑 양식은 고려시대에서 세련된 형태로 발전되었으나, 조선시대에 들어서면서 점차 쇠퇴하였습니다.

탑의 형식

탑은 기단부와 탑신부, 상륜부로 구성되어 있는데, 기단에는 기둥 모양의 우주와 앙주를 새기고, 탑신부도 우주석과 옥개석을 쌓으며, 상륜부는 노반 위에 복발·앙화를 놓고, 그 위에 보륜·보개·수연·용차·보주 등을 긴 찰주에 아서 꾸밉니다.

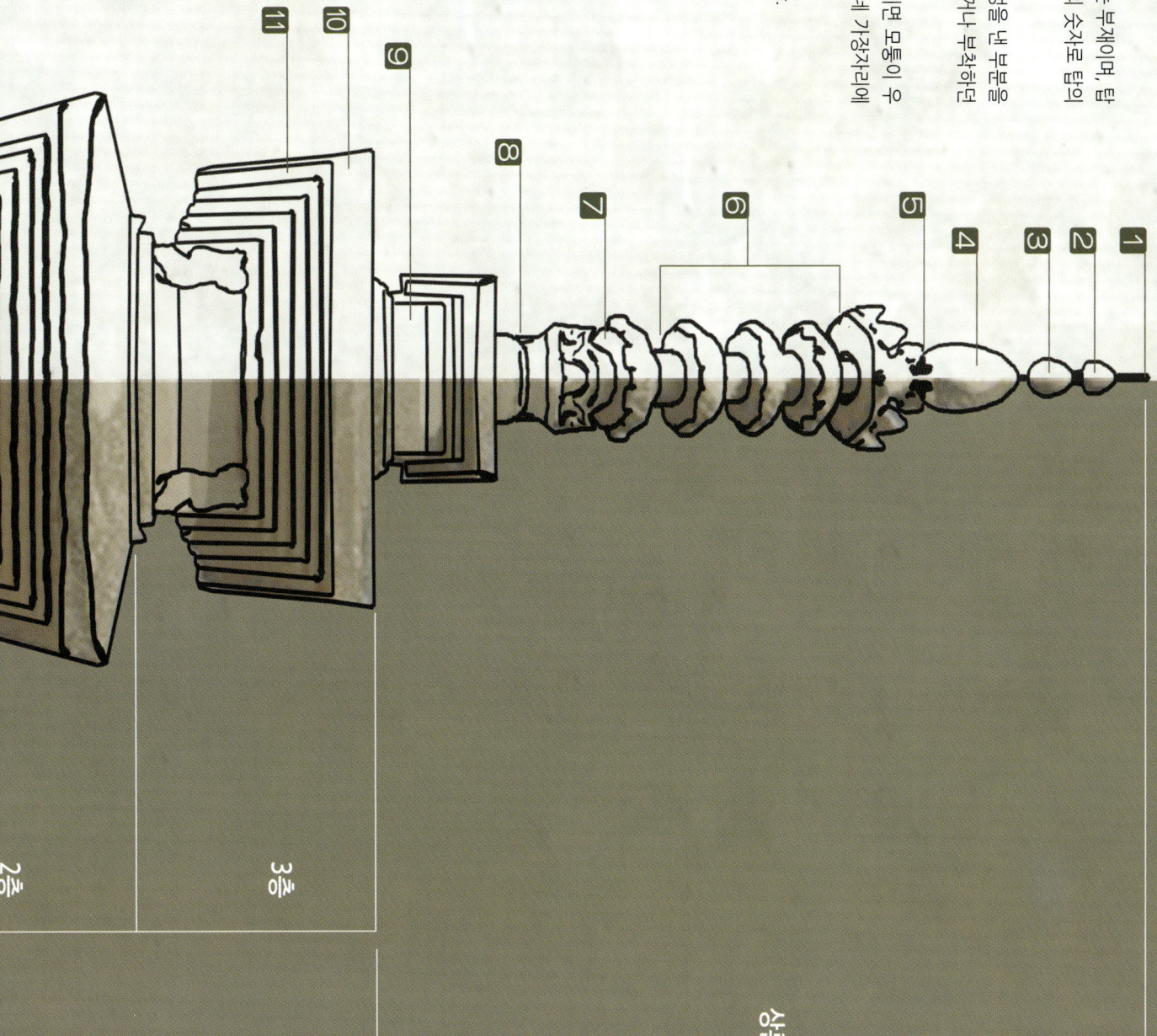

기단부

11. **옥개**: 옥개석 아래 탑신석 위에 위치하며 옥개석을 받치는 부분을 말합니다.

12. **탑신석**: 옥개석과 함께 탑신부를 구성하는 부재이며, 탑신석과 옥개석을 하나의 단위로 보며 이것의 숫자로 층수를 구분합니다.

13. **옥탑장**: 옥개석의 모서리 또는 윗면에 구멍을 내 부분을 말하며 탑의 각층마다 풍탁 또는 풍경을 매달거나 부착하던 곳입니다.

14. **우주**: 우주란 용어는 한문을 그대로 옮기면 모퉁이 우(隅), 기둥 주(柱)입니다. 따라서 우주란 탑의 네 귀퉁이에 세우는 모서리의 기둥을 말합니다.

15. **탑신받침**: 각 층 탑신을 받치는 부분입니다.

16. **갑석**: 상대석과 하대석 위에 뚜껑처럼 덮어놓은 넓적한 돌로, 탑의 대석이나 건물의 대석 위에 깔아서 대석이나 석재를 평탄하게 합니다. 석탑의 경우, 지면에 걸치나 받침 돌인 지대석 위에 대석의 면석과 우주(모서리의 기둥)을 받쳐주는 기둥을 돌려 세우고 그 위에 갑석을 올려놓습니다.

17. **면석**: 석탑 등에 있어서 기단의 대석과 갑석 사이를 막아내는

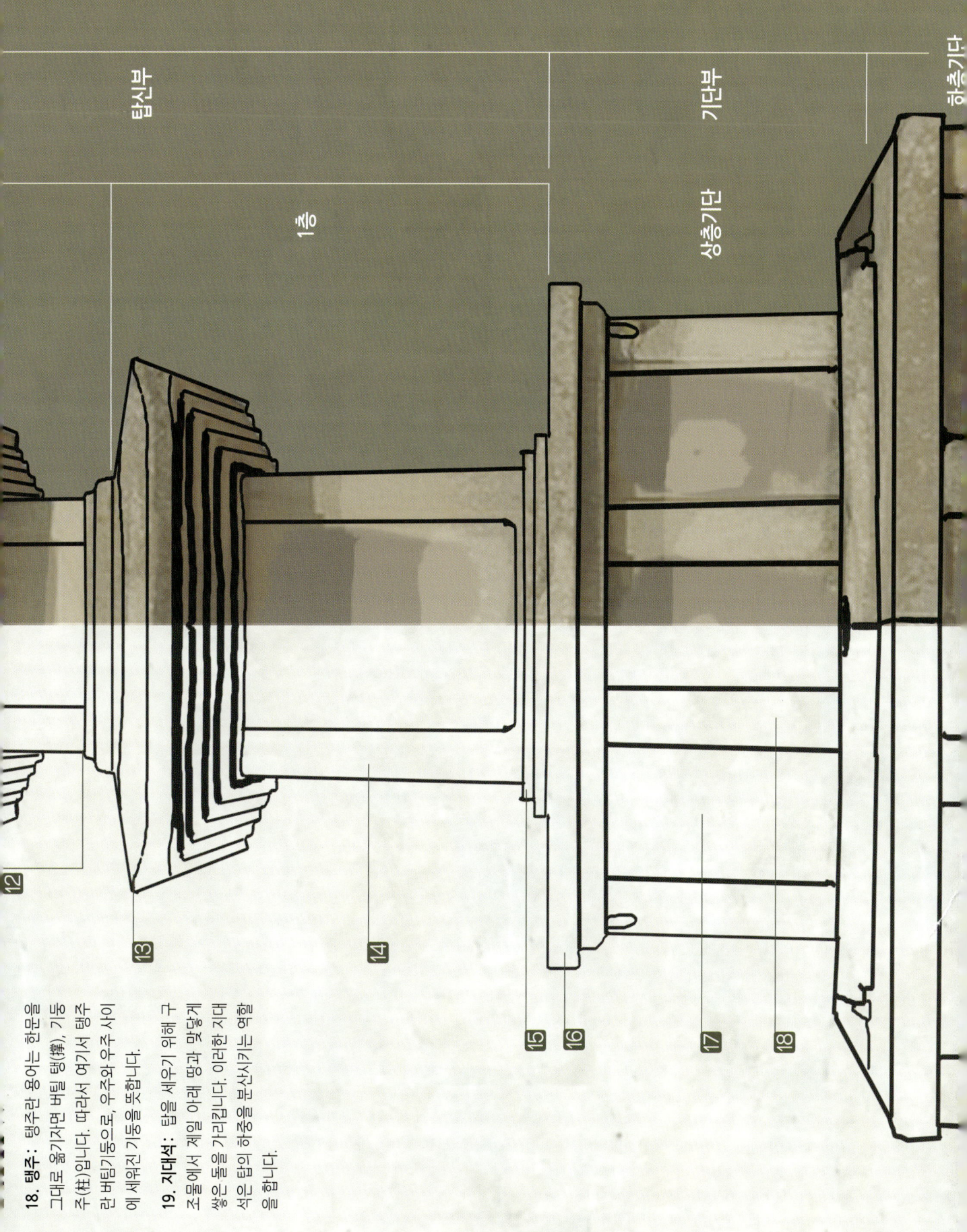

18. **탱주**: 탱주란 옆에는 한문을 그대로 옮기자면 버틸 탱(撑), 기둥 주(柱)입니다. 따라서 여기서 탱주란 버팀기둥으로, 우주와 우주 사이에 세워진 기둥을 뜻합니다.

19. **지대석**: 탑을 세우기 위해 구조물에서 제일 아래 땅과 맞닿게 쌓는 돌을 가리킵니다. 이러한 지대석은 탑의 하중을 분산시키는 역할을 합니다.

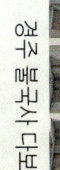

한국의 탑

경주 불국사 다보탑

익산 소태리 오층석탑

서울 남계원 칠층석탑

영암 신해리 오층모전석탑

서울 원각사 십층석탑

평창 월정사 팔각 구층석탑

탑의 종류

탑은 만든 소재에 따라서 목탑, 석탑, 전탑(벽돌로 만든 탑), 모전탑(돌을 벽돌처럼 만들어서 쌓은 탑)으로 구분되며, 층수와 형태에 따라서 삼층탑, 오층탑, 칠층탑, 팔층탑, 구층탑, 십층탑, 다층탑, 팔각형탑 등으로 구분됩니다.

목탑

목탑은 사리를 봉안할 목적으로 세운 나무로 만든 탑을 말합니다. 우리나라의 대표적인 목탑은 신라 선덕여왕 때 만든 경주 황룡사 구층탑이었으나, 고려 고종 당시 몽고의 침략으로 불에 타 버렸습니다.
또한 전라남도 화순의 쌍봉사 대웅전이 있었으나, 1984년 화재로 소실되었습니다.
현존하는 대표적인 목탑은 충청북도 보은군 법주사 내에 있는 조선시대에 만든 목탑으로, 높이 22.7m쯤 되는 법주사 팔상전(국보 제55호)이 있습니다.

석탑

석탑은 돌을 깎고 다듬어서 만든 탑을 말합니다. 이러한 석탑은 우리가 접할 수 있는 불교 문화재 중에서도 가장 흔한 것입니다.

우리나라에는 석탑이 많이 보존되어 불탑의 주류를 차지하여 왔습니다.
우리나라에서 석탑이 발생한 시기는 삼국시대 말기인 600년경으로 추정되고 있습니다. 불교가 전래된 4세기 후반부터 6세기 말엽까지 약 200년간은 목탑의 건립 시기로, 오랜 목탑의 건조에서 쌓인 기술과 전통의 연마가 드디어는 석탑을 발생하게 한 것으로 추측됩니다.
대표적인 석탑으로는 경주 불국사 삼층석탑(석가탑, 국보 제21호), 서울 원각사지 십층석탑(국보 제2호), 충주 탑평리 칠층석탑(국보 제6호) 등이 있습니다.

◀ **보은 법주사 팔상전**(국보 제55호)

우리나라의 탑 중에서 가장 높은 건축물이며 우리나라에 남아 있는 유일한 오층 목조탑으로 벽면에 부처의 일생을 8장면으로 구분하여 그린 팔상도가 그려져 있어 "팔상전"이라 합니다.

◀ **경주 불국사 삼층석탑**(석가탑, 국보 제21호)

불국사의 대웅전 앞뜰 서쪽에 세워져 있는 서쪽 탑이 삼층석탑이며, 탑의 원래 이름은 '석가여래상주설법탑'으로, '석가탑'이라고 줄여서 부릅니다. 이 탑은 '무영탑(그림자가 비치지 않는 탑)'이라고도 불리는데, 여기에는 석가탑을 지은 백제의 석공 아사달을 찾아 신라의 도읍지 서라벌에 온 아사녀가 남편을 만나보지도 못한 채 연못에 몸을 던져야 했던 슬픈 전설이 서려 있습니다.

▲ 충북 진천 보탑사 삼층목탑

▲ 서울 원각사지 십층석탑(국보 제2호)

▲ 충주 탑평리 칠층석탑(국보 제6호)

전탑

전탑은 흙으로 구운 작은 벽돌을 촘촘히 쌓아올린 벽돌탑을 말합니다. 우리나라의 탑은 석탑이 대부분이나, 석재를 가지고 전탑의 모양을 본뜬 예도 있고, 또 경상북도 안동 지방에는 통일신라시대의 전탑 여러 개가 남아 있습니다.

중국에서 비롯된 전탑 양식은 목탑의 모양을 본 따서 벽돌을 쌓아 만들었기 때문에 작은 충격에도 탑 전체가 뒤틀리거나 부서질 수 있습니다.

현재 우리나라에 남아 있는 전탑으로는 안동 운흥동 오층전탑(보물 제56호), 안동 조탑동 오층전탑(보물 제57호), 경북 칠곡 송림사 오층전탑(보물 제189호), 경기도 여주 신륵사 다층전탑(보물 제226호) 등이 있습니다.

▲안동 운흥동 오층전탑(보물 제56호)
안동시 운흥동에 있는 통일신라시대 때 다높이 11.64m의 전탑으로, 탑은 무늬 없는 돌로 5층을 쌓았습니다.

▲안동 조탑동 오층전탑(보물 제57호)

▲여주 신륵사 다층전탑(보물 제226호)

▲경북 칠곡 송림사 오층전탑 (보물 제189호)

모전석탑

모전석탑은 돌을 벽돌 모양으로 다듬어 쌓은 탑을 가리킵니다.

이러한 모전석탑은 우리나라에서만 볼 수 있는 특이한 탑으로, 우리나라 석탑의 하나의 이색적인 양식으로 정착되었습니다.

모전석탑은 많이 조성되지는 않았으나, 통일신라시대와 고려시대에는 전탑에 비해서 모전석탑이 많이 건립되었습니다.

모전석탑은 7세기 전반에 건립된 경주 분황사 모전석탑(국보 제30호)에서 시작하여 이후 계보가 이어져 신라 말기에 이르기까지 건립되었고, 또한 고려시대를 거쳐 조선시대까지 이어졌습니다. 모전석탑의 형식은 대개 두 가지로 나눌 수 있는데, 첫째는 돌을 벽돌 모양으로 가공하여 축조한 형식이며, 둘째는 전형 양식의 석탑에서와 같이 석괴형의 탑신석과 옥개석을 쌓되, 탑신석에는 좌우의 우주를 생략하고 옥개석 낙수면에는 전탑에서와 같이 층단을 표시한 형식입니다.

첫 번째 형식에 속하는 것으로는 영양 산해리 오층모전석탑(국보 제187호), 제천 장락동 칠층모전석탑(보물 제459호) 등이 있고, 두 번째 형식에 속하는 것은 구미 죽장리 오층석탑(국보 제130호), 경주 서악동 오층석탑(보물 제65호), 강진 월남사지 삼층 모전석탑(보물 제298호) 등이 있습니다.

▲구미 죽장리 오층석탑(국보 제130호)

▲영양 산해리 오층 모전석탑(국보 제187호)

◀경주 분황사 모전석탑(국보 제30호)
돌을 벽돌 모양으로 다듬어 쌓아올린 높이 9.3m의 신라시대의 모전석탑으로, 원래 9층이었다는 기록이 있으나, 지금은 3층만 남아 있습니다. 이 탑은 현재 남아 있는 신라 모전석탑 가운데 가장 오래된 걸작품입니다.

시대별 석탑의 특징

백제시대의 석탑

백제는 삼국 중에서 가장 건축이 발달하였던 나라로 이미 '사탑심다'의 나라로 널리 알려졌고, 또 신라의 황룡사 구층목탑을 건립할 때 백제의 아비지가 초빙되어 공사를 담당하였으며, 일본의 초기사원 창립에 백제의 사공이나 와박사 등이 건너가 공사를 담당하기도 하였습니다. 백제에서는 7세기 초반에 이르러 석재로 목탑을 모방하여 탑을 건립함으로써 석탑의 시원을 이루게 되었습니다.

백제시대의 석탑으로 현재까지 남아 있는 것은 익산 미륵사지 석탑(국보 제11호)과 목탑을 모방한 7세기 중기경의 부여 정림사지 오층석탑(국보 제9호)뿐이지만 이 두기의 초기 석탑에서 석탑의 발생 과정을 살펴볼 수 있습니다. 백제 석탑은 신라 탑의 2중 기단과는 달리 낮은 토대에 1층기단을 세우는 것이 특징이며, 2층 이상은 초층에 비해 폭과 높이가 급격히 감소하는 경향이 있습니다. 또한 옥개석이 얇고, 네 귀가 가볍게 반전되어 전체적으로 날렵하면서 경쾌한 느낌을 줍니다.

◀부여 정림사지 오층석탑(국보 제9호)
부여 정림사 터에 세워져 있는 석탑으로, 좁고 낮은 1단의 기단 위에 5층의 탑신을 세운 모습이며, 목탑의 구조와 비슷하지만 돌의 특성을 살려 전체적인 형태가 매우 우아하고 아름답습니다.

▶익산 미륵사지 석탑(국보 제11호)
백제 최대의 절이었던 익산 미륵사 터에 있는 백제시대 화강암 석탑입니다.
우리나라에 남아 있는 가장 오래 되고 커다란 규모를 자랑하는 탑으로, 양식상 목탑에서 석탑으로 이행하는 과정을 충실하게 보여주는 백제시대의 중요한 문화재입니다.

▲복원 전

신라시대의 석탑

신라의 석탑은 전탑의 모방에서 출발하였다고 볼 수 있으나, 삼국 통일이라는 역사적 전환을 맞아 하나로 종합됨으로써, 백제와 신라의 각기 다른 두 양식이 종합된 독창적 신라석탑으로서의 새로운 양식을 갖추게 되었습니다.

통일 신라시대에는 왕실과 귀족들의 비호를 받아 전국 도처에서 사찰과 불탑이 세워지고, 국토 통일과 함께 문화적 융합도 함께 이루어졌기 때문에 통일 초기의 석탑에 있어서도 신라적인 요소와 백제적인 요소가 결합된 새로운 스타일이 등장했는데, 이러한 과도기적 절충 양식을 보여주는 석탑으로는 의성 탑리리 오층석탑(국보 제77호)을 들 수 있습니다.
그리고 여기서 진일보한 석탑인 경주 감은사지 삼층석탑(국보 제112호)이나 경주 고선사지 삼층석탑(국보 제38호)에서는 기단부가 탄탄한 2층기단으로 강화되고, 탑신부가 3층 탑신으로 이루어졌습니다. 전체적인 석탑의 형태로 본다면 시대가 흐를수록 석재의 결합이 간결해지고, 2층기단 위에 3층의 탑신을 세우는 형식이 일반화되며, 대신 탑의 규모는 삼국시대보다 작아졌다고 할 수 있습니다.

그리고 8세기 중엽에 들어서는 많은 석탑들이 더욱 간략화되고 체계화된 결구 방식을 채용하기에 이르는데, 그 모델이 된 석탑이 바로 불국사의 삼층석탑(석가탑, 국보 제21호)입니다.
특히 불국사 석가탑과 다보탑의 경우는 《법화경》에 나오는 석가여래와 다보여래의 관계를 두 탑으로 상징시켜 놓은 것입니다. 이후 통일신라시대 전통 양식의 석탑과 쌍탑 등은 계속 그 형식이 지속되었지만, 말기에 들어서면서 국권의 쇠퇴와 함께 석탑의 스타일도 과거의 위풍당당한 기상을 다소 상실하게 됩니다.

신라 석탑은 절정기에 이르러 바야흐로 석탑 조형에 대한 충만한 자신감으로 전형적인 조영 법식에서 벗어나 기단이나 탑신부를 변형시켜 외관상으로도 일반형 석탑과는 뚜렷이 구분되는 조형성이 매우 뛰어난 석탑들이 만들어졌는데, 그 중에서도 가장 뛰어난 이형석탑은 불국사 다보탑(국보 제20호)입니다.

구례 화엄사의 사사자 삼층석탑(국보 제35호)은 탑의 상층기단을 네마리의 석사자와 가운데의 공양상으로 대치하고 덮개돌을 얹은 다음 3층의 탑신을 받치고 있는데, 비록 기단부에 국한되었으나 창조적 구성이 매우 뛰어나 다보탑과 함께 통일신라시대 이형석탑의 쌍벽을 이루는 작품으로 손꼽히고 있습니다.
이 밖에도 철원 도피안사 삼층석탑(보물 제223호)은 탑신이 사각형인데 반하여 기단은 팔각형으로, 단층의 기단에는 위아래로 연꽃무늬를 두르고 있어 마치 불상의 연화대좌를 연상케 합니다.
또한 남원 실상사의 백장암 삼층석탑(국보 제10호)은 단층기단 위의 탑신 전체에 난간, 신중, 주악천인상, 불상 등이 조각되어 있습니다. 이와 같이 탑의 전체 또는 일부를 변형시켜 새로운 형태를 보이는 석탑은 불사리를 봉안하고 있는 석탑을 신앙적인 차원에서 더욱 장엄하게 장식하려는 욕구에서 착상된 것으로 추측되고 있습니다.

▲경주 불국사 다보탑 (국보 제20호)

다보탑은 석가탑(경주 불국사 삼층석탑, 국보 제21호)과 더불어 우리나라의 가장 대표적인 석탑으로, 절 안의 대웅전과 자하문 사이의 뜰 동서쪽에 마주보고 서 있는데, 동쪽에 있는 탑이 다보탑입니다.

▲구례 화엄사의 사사자 삼층석탑(국보 제35호)

▲의성 탑리리 오층석탑(국보 제112호)

◀철원 도피안사 삼층석탑(보물 제223호)

▶남원 실상사 백장암 삼층석탑(국보 제10호)

고려시대의 석탑

고려시대는 개국 초기부터 불교를 국교로 받아들여 전국적으로 불교가 활발하게 융성하였던 시기로, 우리나라 전 시대를 걸쳐 석탑이 가장 많이 조성되었으며, 탑의 조영에 대한 후원자도 국가, 왕실, 귀족 등은 물론 일반 백성들까지 참여하여 수준 높은 탑으로부터 질박하고 지방색을 잘 드러내는 석탑까지 다양한 갈래의 석탑이 만들어졌습니다.

고려시대 초기의 석탑은 신라석탑의 전형 양식을 계승하여 발전시켰는데, 대체로 기단과 탑신은 신라석탑에 비하여 폭이 좁아지고 탑신은 층수가 많아져, 통일신라시대의 석탑이 안정감이 있다면 고려시대의 석탑은 늘씬한 감이 있습니다.
그리하여 고려시대의 석탑은 전성기 신라석탑이 보여주는 당당한 느낌은 줄어들고 기단이 좁아 안정감이 적은 반면 탑신의 층수가 많아 하늘로 치솟는 느낌을 주고 있습니다.

고려시대의 대표적인 석탑으로는 김제 금산사 오층석탑(보물 제25호), 제천 사자빈신사지 석탑(보물 제94호), 강릉 신복사지 삼층석탑(보물 제87호), 요·금의 영향을 받은 월정사 팔각 구층석탑(국보 제48호) 그리고 원의 공장이 제작한 것으로, 대리석에 다수의 불·보살을 부조하여 정교한 양식을 보여주고 있는 경천사 십층석탑(국보 제86호) 등을 들 수 있습니다.

고려시대는 사찰의 조영과 불탑의 건립에 토착 세력의 참여도 높아져서 고려 사회의 새로운 성격이 부각되는 10세기 후반부터는 석탑에서도 새로운 조형의 변화가 일어나게 되는데, 첫째로 고려시대 석탑은 지방적인 양식을 현저하게 드러내고 있는 점이고, 둘째로 다양한 갈래의 이형석탑이 고려시대에도 조성되었다는 점입니다.

◀**평창 월정사 팔각 구층석탑**(국보 제48호)

자장율사가 창건한 오대산 월정사 안에 있는 높이 15.2m의 석탑으로, 그 앞에는 공양하는 모습의 석조보살좌상(보물 제139호)이 마주보며 앉아 있습니다. 고려시대가 되면 4각형 평면에서 벗어난 다각형의 다층 석탑이 우리나라 북쪽 지방에서 주로 유행하게 되는데, 이 탑도 그러한 흐름 속에서 만들어진 것으로, 고려 전기 석탑을 대표하는 문화재입니다.

◀평창 월정사 석조보살좌상(보물 제139호)

▲제천 사자빈신사지 석탑(보물 제94호)

▲강릉 신복사지 삼층석탑(보물 제87호)

▲김제 금산사 오층석탑(보물 제25호)

▲경천사 십층석탑(국보 제86호)

조선시대의 석탑

조선시대는 유교를 새로운 국가 통치의 교화 이념으로 삼았기 때문에 신라·고려를 통하여 1,000여 년간 국교적 위치에 있던 불교는 쇠퇴의 길을 걷게 되었고, 그와 함께 불교와 관련된 조형 미술의 분야도 많이 위축되었습니다.

그러나 조선 초기에는 아직도 불교의 영향력이 상당히 남아 있었고, 더욱이 태조·세조 등과 같이 불교에 귀의하거나 호불 정책을 표방한 군주도 있어 그런대로 불교 미술의 분야에서도 괄목할 만한 작품이 나오기도 하였습니다.

고려시대의 여운이 남아 있던 조선 초기 석탑 중 방형중층의 일반형 석탑으로는 양양 낙산사 칠층석탑(보물 제499호), 여주 신륵사 다층석탑(보물 제225호), 함양 벽송사 삼층석탑(보물 제474호) 등을 대표적인 것으로 들 수 있고, 이형석탑으로는 경천사 십층석탑을 모방한 원각사지 십층석탑(국보 제2호)과 남양주 수종사 팔각 오층석탑(보물 제1808호)이 있습니다.

◀**원각사지 십층석탑**(국보 제2호)
조선시대의 석탑으로는 유일한 형태로 우리나라 석탑의 일반적 재료가 화강암인데 비해, 이 탑은 대리석으로 만들었고 높이는 약 12m이며, 장식이 풍부하여 훌륭한 걸작품으로 손꼽히고 있습니다.

▲남양주 수종사 팔각 오층석탑(보물 제1808호)

▲함양 벽송사 삼층석탑(보물 제474호)

▲여주 신륵사 다층석탑(보물 제225호)

▲양양 낙산사 칠층석탑(보물 제499호)

탑의 연대 구분 방법

탑신부에 있는 옥개받침으로 구분합니다.

7세기 말~8세기 초, 신라 전성기의 석탑에는 옥개받침이 5단으로 되어 있지만 8세기 중엽 이후 9세기에 이르러서는 옥개 받침이 4단 내지 3단으로 줄어듭니다. 그래서 탑이 어느 시대에 만들어진 것인지 판단하는 중요한 근거가 되는 부분입니다.

기단부의 탱주 수에 따라서 구분합니다.

신라석탑의 정형은 대개 2층기단입니다. 기단부에는 집의 기둥 모양을 양각(돋을새김)으로 새겨 놓았습니다. 바깥쪽 모서리의 기둥을 모서리기둥(우주)이라고 하고, 안쪽 기둥을 안기둥(탱주)이라고 합니다.

7세기 말~8세기 초 석탑에는 하대 기단의 탱주가 셋이고 상대 기단의 탱주는 둘입니다.

8세기 중엽까지는 상·하층 기단 탱주는 모두 둘로 나타나고 9세기, 신라 말 이후 고려시대에는 1개로 줄어드는데, 역시 탑의 시대 구분의 중요한 근거가 됩니다.

지붕돌 낙수면과 전각의 기울기에 따라서 구분합니다.

처녀 끝이 들린 부분을 전각이라 하는데 초기 탑의 낙수면이나 전각의 기울기에는 변화가 거의 없으나 9세기 초를 전후한 시대에 이르러 전각이 예쁘게 경사를 지으며 날씬한 맵시를 나타냅니다.

후기로 내려올수록 낙수면의 가운데가 처지면 전각의 모서리가 가옥의 지붕처럼 치켜 올라갑니다.

장엄장식이 표현되면 9세기 이후의 탑입니다.

7세기 말에서 8세기 전형양식의 삼층석탑은 대부분 아무런 조각이나 장식이 없는 단순한 아름다움을 보여줍니다.

9세기 초를 전후한 석탑에는 탑기단 면석에 십이지신상이나 팔부중상을 새기고, 탑의 몸돌에는 사천왕상을 새겨 화려하게 장식하는 예가 많습니다.

그리고 석탑의 높이가 점차 줄어드는 경향이 있고 특히 상층기단면에 큼직한 안상은 9세기 전기의 특징이라 할 수 있습니다.

단층기단이면 신라 하대로 추정합니다.

신라 하대에 나타나는 또 하나의 변형은, 일반형 석탑에서 기단부가 기본형인 2층기단이던 것이 단층기단으로 변화합니다.

쌍탑이면 통일신라시대 이후 것으로 봅니다.

삼국시대에는 대개 법당 앞에 1기의 큰 탑을 세웠습니다. 불상을 숭배하는 비중과 탑을 숭배하는 비중이 같기 때문이었을 것입니다. 그러나 통일 이후에는 탑의 규모를 줄여서 법당 앞에 2기의 탑을 배치하였습니다. 탑을 숭배하는 비중은 낮아지고 불상을 숭배하는 비중이 높아졌기 때문입니다.

우리나라 주요 사탑의 연대기

세기	시대	왕조	건립연도	석탑명칭
7세기	백제	무왕	600~640년경	미륵사지 석탑(국보 제11호)
	신라	선덕여왕	634년경	분황사 석탑(국보 제30호)
	백제	무왕~의자왕	630~660경	정림사지 오층석탑(국보 제9호)
	신라	신문왕	682년	감은사지 삼층석탑(국보 제112호)
	신라	신문왕	686년	고선사지 삼층석탑(국보 제38호)
	신라	효소~성덕왕	692~706년경	경주 구황리 삼층석탑(국보 제37호)
8세기	통일신라	경덕왕	756년	불국사 다보탑(국보 제20호)
		경덕왕	750~760년경	불국사 삼층석탑(석가탑, 국보 제21호)
		경덕왕	758년	갈항사 삼층석탑(국보 제99호)
		문성왕	780년경	중원 탑평리 칠층석탑(국보 제6호)
9세기	통일신라	흥덕왕 3년	828년	실상사 삼층석탑(보물 제37호)
		경문왕 5년	865년	도피안사 삼층석탑(보물 제223호)
		경문왕 10년	870년	보림사 삼층석탑(국보 제44호)
		진성여왕 9년	895년	해인사 길상탑(보물 제1242호)
		기 타	9세기 추정 석탑	운문사 삼층석탑(보물 제678호)
				금둔사지 삼층석탑(보물 제945호)
				한계사지 남 삼층석탑(보물 제1275호)
				한계사지 북 삼층석탑(보물 제1276호)
				삼화사 삼층석탑(보물 제1277호)
10세기	고려 초기	후백제 (견훤시대)	900~920년경	금산사 오층석탑(보물 제25호)
				금산사 육각 다층석탑(보물 제27호)
		기 타	고려 초기 작품	월정사 팔각 구층석탑(국보 제48호) 등
	고려시대	목종12년	1009년	성풍사지 오층석탑(보물 제1118호)
		현종 1년	1010년	개심사지 오층석탑(보물 제53호)
		현종13년	1022년	사자빈신사지 석탑(보물 제94호)
		현종22년	1031년	정도사지 오층석탑(보물 제357호)
		정종12년	1045년	홍제동 오층석탑(보물 제166호)
		예종4년	1109년	소태리 오층석탑(보물 제312호)
		명종11년	1181년	만어사 삼층석탑(보물 제466호)
		충렬왕	1280년	불탑사 오층석탑(보물 제1187호)
		충목왕	1348년	경천사 십층석탑(국보 제86호)
	조선시대	세조12년	1466년	원각사지 십층석탑(국보 제2호)
		성종1년	1470년	창경궁내 팔각 칠층석탑(보물 제1119호)
		정조8년	1784년	대원사 다층석탑(보물 제1112호)

서울특별시

국보 6
보물 3

1. 원각사 십층석탑 국보 제2호(조선시대)

조선시대의 석탑으로는 유일한 형태로 높이는 약 12m입니다. 대리석으로 만들어졌으며 탑 구석 구석에 표현된 화려한(용, 사자, 연꽃무늬 등) 조각이 대리석의 회백색과 잘 어우러지며 탑을 받쳐주는 기단은 3단으로 되어 있고, 위에서 보면 아(亞)자 모양입니다.

2. 서울 경천사지 십층석탑 국보 제86호(고려시대)

고려 충목왕 4년(1348)에 만들어진 아(亞)자 모양의 대리석 석탑으로 우리나라 석탑의 일반적인 재료가 화강암인데 비해 대리석으로 만들어졌다는 점이 특이합니다.
기단과 탑신에는 화려한 조각이 가득 차 있는데, 부처, 보살, 풀꽃무늬 등이 새겨져 있습니다.

3. 김천 갈항사지 동·서 삼층석탑 국보 제99호(통일신라시대)

서로 규모와 구조가 같고 동탑의 기단에 통일신라시대 경덕왕 17년(758)에 언적법사 3남매가 건립하였다는 내용이 새겨져 있어 만들어진 연대를 정확히 알 수 있으며, 이두문을 사용하고 있어 더욱 특기 할만합니다.

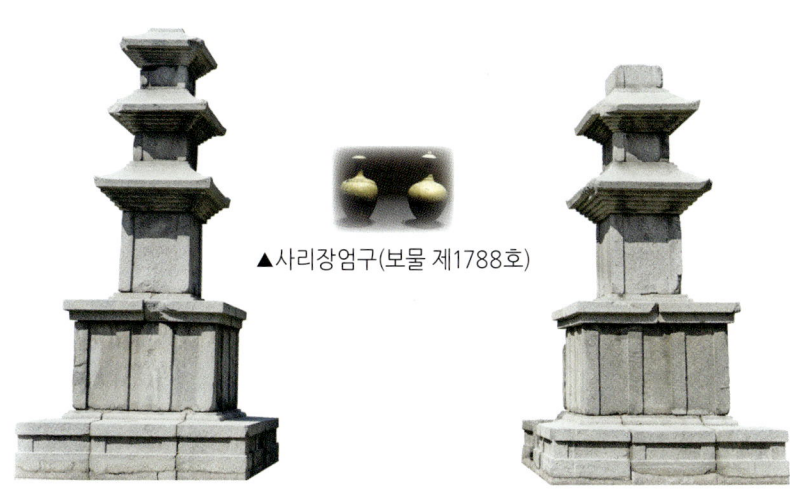

▲사리장엄구(보물 제1788호)

4. 개성 남계원 칠층석탑 국보 제100호(고려시대)

신라 탑의 영향을 많이 받았던 고려시대 석탑의 특색을 잘 보여주고 고려 충렬왕 9년(1283)에 넣은 것으로 추정하는 두루마리 7개의 《감지은니묘법연화경》이 발견되었습니다.

5. 산청 범학리 삼층석탑 국보 제105호(통일신라시대)

경북 산청의 옛 절터에 무너져 있던 것인데, 식탑이라고도 불리는 이 탑은 2단의 기단 위 3층의 탑신을 올린 일반적인 탑입니다. 기단과 탑신의 1층 몸돌에 팔부중상 및 보살이 화려하게 조각되어 있습니다.

6. 보협인석탑 국보 제209호(시대미상)

우리나라에서는 유일한 석조 보협인탑은 《보협인다라니경》을 그 안에 안치하고 있기 때문에 붙여진 이름입니다. 종래에 볼 수 없었던 특이한 모습이며, 중국 오월이라는 나라에서 그 유래를 찾을 수 있습니다.
뚜껑을 덮은 듯한 네모난 상자 모양의 돌 2개를 포개어 놓은 후, 그 위로 귀를 세운 머리장식을 얹어놓은 모습이고 불상이 새겨진 육면체 위에 사각형의 받침돌을 놓고, 다시 그 위에 육면체가 놓이는 데 4면에 부처님의 전생 설화가 새겨 있습니다.

7. 서울 홍제동 오층석탑 보물 제166호(고려시대)

2단의 기단 위에 5층의 탑신을 올려놓은 모습으로, 각 부분이 거의 완전한 모습을 지니고 있습니다.
1층의 남쪽 면에는 자물쇠 모양의 조각을 하였고 탑의 꼭대기에는 머리장식으로 네모난 노반과 복발이 하나의 돌에 새겨 얹혀 있는데, 네 귀퉁이마다 꽃조각이 장식되어 있으며 아래층기단의 뚜렷한 안상조각, 지붕돌받침이 4단, 등으로 일정치 않은 점 등이 고려시대 석탑임을 짐작하게 하며 전체적으로 상하의 비례가 아름다워 안정감이 느껴집니다.

8. (전) 문경사지 오층석탑 보물 제580호(시대미상)

고려 정종 11년(1045)에 세워진 것으로 탑신은 몸돌과 지붕돌이 각각 한 돌로 되어 있으며 1층 몸돌에는 아무 장식이 없고, 2층 이상은 기둥 모양을 새겨 한 면을 둘로 나누고 그곳에 문짝으로 보이는 네모난 액자형을 표시하였습니다.

9. 창경궁 팔각 칠층석탑 보물 제1119호(조선시대)

조선 성종 원년(1470)에 세워진 팔각 평면 위에 7층의 탑신을 세운 석탑으로 7층에 이르는 탑신의 1층 몸돌은 높고 볼록한 모습이며, 2층부터 낮아지며 지붕돌은 목조건축의 지붕처럼 기왓골이 표시되어 있습니다.

경기도(인천광역시)

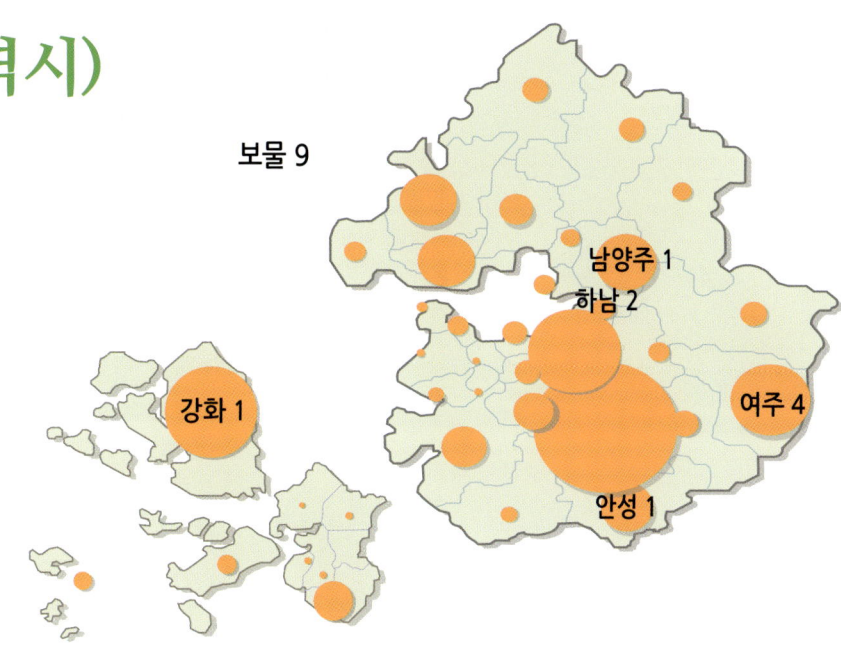

보물 9

남양주 1
하남 2
강화 1
여주 4
안성 1

강화군

강화 장정리 오층석탑 보물 제10호(고려시대)

신라석탑의 양식을 이어받아 변형된 고려시대 석탑의 전형적인 특징을 보여주는 작품으로 탑은 1층의 기단 위에 5층의 탑신을 올린 모습입니다.

여주시

여주 창리 삼층석탑 보물 제91호(고려시대)

아래 기단의 4면에는 안상이 2개씩 새겨져 있는데, 움푹한 무늬의 바닥선이 꽃모양처럼 솟아올라 있어 당시의 조각기법이 잘 나타나고 있고 기단을 마감하는 맨 윗돌에는 엎드린 연꽃 모양의 조각을 둘러놓았는데, 보기 드문 모습입니다.

2. 여주 하리 삼층석탑 보물 제92호(고려시대)

몸돌 윗면의 중앙에 높이 3㎝의 얇은 띠가 둘려져 있고 그 안으로 2개의 구멍이 파여 있는데, 이와 닿게 되는 지붕돌의 밑면에도 이를 배려한 듯 홈이 깊게 파여져 있습니다.
이는 몸돌의 윗면에만 깊은 홈을 두어 사리를 담아두는 일반적인 모습이 아니라 그 정반대의 형태를 하고 있어 특이합니다.

여주 신륵사 다층석탑 보물 제225호(조선시대)

대리석이 주는 질감으로 인해 한층 우아하게 보이며 바닥돌에는 연꽃을 돌려 새겨져 있고 층기단의 네 모서리에 새겨진 조각은 특이하게 물결무늬가 새김되어 있습니다.

4. 여주 신륵사 다층전탑 보물 제226호(고려시대)

흙으로 구운 벽돌로 쌓은 탑으로 기단을 2단으로 마련하고, 다시 3단의 계단을 쌓은 후 여러 층의 탑신을 올렸습니다.
기단과 계단은 화강암으로 되어 있습니다.

하남시

1. 하남 동사지 오층석탑 보물 제12호(고려시대)

1층 탑신이 상하 2단으로 이루어져 있는 것이 특징이며 10세기 후반에 건립된 석탑입니다.

2. 하남 동사지 삼층석탑 보물 제13호(고려시대)

2층기단 중 아래층기단은 묻혀 있으며 통일신라시대 후기 석탑양식을 계승한 고려시대 석탑입니다.

안성시

1. 안성 봉업사지 오층석탑 보물 제435호(고려시대)

1층기단에 5층 탑신을 올린 모습이며, 각 층의 네 모서리에는 폭이 좁은 기둥을 새겼고, 1층 몸돌 남쪽면 중앙에는 작은 감실(불상을 모시는 방)을 만들어 놓았습니다.

남양주시

1. 남양주 수종사 팔각 오층석탑 보물 제1808호(조선시대)

수종사는 조선 세조 6년(1460)에 건립되었다고 하며 고려시대 팔각석탑의 전통을 이어 조선시대에 건립된 것으로 기단부에는 불상대좌의 양식이고 탑신부는 목조건축의 양식이며 상륜부는 팔작기와 지붕형태를 띠고 있습니다. 탑 안에서 보물 제1788호인 불상들이 발견되었습니다.

▲수종사 팔각오층석탑 출토유물(보물 제1788호)

충청남도

국보 1
보물 13

당진시

1. 당진 안국사지 석탑 보물 제101호(고려시대)

고려 중기 석탑의 특징을 알 수 있는 중요한 탑으로 기단부가 다른 탑들에 비해 간단하고 탑신은 유일하게 1층 몸돌만이 남아 있는데, 각 귀퉁이에 기둥을 본떠 새기고 한 면에는 문짝 모양을, 다른 3면에는 여래좌상을 새겨 놓았습니다.

공주시

1. 공주 마곡사 오층석탑 보물 제799호(고려시대)

이 탑은 탑 전체의 무게를 받쳐주는 기단을 2단으로 쌓고, 그 위로 오층의 탑신을 올린 후 머리장식을 올린 모습이며, 청동으로 만들어진 꼭대기의 머리장식은 중국 원나라의 라마탑과 그 모습이 비슷한 고려 후기의 석탑입니다.

2. 공주 청량사지 오층석탑 보물 제1284호(고려시대)

이 탑의 특이한 점은 기단의 가운데 기둥을 별도의 돌로 끼워두었다는 것이며, 고려시대에 와서 한 절에 각기 특징 있는 두 가지 유형의 백제탑을 세운 것은 역사적, 미술적으로 중요한 의미를 갖습니다.

3. 공주 청량사지 칠층석탑 보물 제1285호(고려시대)

전체적으로 폭이 좁고 길쭉한 형태이며, 기단은 각 면의 네 모서리마다 기둥을 다른 돌로 세운 점이 특이하며 탑신은 1층 몸돌의 한 면에 직사각형 모양의 감실이 새겨져 있습니다.

천안시

1. 천안 천흥사지 오층석탑 보물 제354호(고려시대)

2단의 기단 위에 5층의 탑신을 올린 거대한 모습으로, 고려왕조 시작 직후 석탑의 규모가 다시 커지던 당시의 흐름을 잘 보여주고 있으며 특히 탑신에서 보이는 완만한 체감률은 온화하고 장중한 느낌을 더해 줍니다.

서천군

1. 서천 성북리 오층석탑 보물 제224호(고려시대)

옛 백제 영토에 지어진 다른 탑들처럼 부여 정림사지 오층석탑(국보 제9호)의 양식을 모방하였는데, 특히 가장 충실히 따르고 있으며 1층 몸돌의 각 기둥들이 아래로는 기단을 누르고, 위로는 지붕받침을 이고 있어, 마치 신을 신고 관을 쓰고 있는 모양입니다.

청양군

1. 청양 서정리 구층석탑 보물 제18호(고려시대)

2단의 기단 위에 구층의 탑신을 올린 모습입니다. 아래층기단에는 안상을 돌려 새겼는데, 바닥선이 꽃모양으로 솟아올라 있어 고려시대의 양식상 특징을 보여줍니다.

부여군

1. 부여 정림사지 오층석탑 국보 제9호(백제시대)

신라와의 연합군으로 백제를 멸망시킨 당나라 장수 소정방이 '백제를 정벌한 기념 탑'이라는 뜻의 글귀를 이 탑에 남겨놓아, 한때는 '평제탑'이라고 잘못 불리는 수모를 겪기도 하였던 이 탑은 좁고 얕은 1단의 기단과 배흘림기법의 기둥표현, 얇고 넓은 지붕돌의 형태 등은 목조건물의 형식을 충실히 이행하면서도 단순한 모방이 아닌 세련되고 창의적인 조형을 보여주고 있습니다.

2. 부여 장하리 삼층석탑 보물 제184호(고려시대)

백제의 옛 땅이었던 충청·전라도에는 부여 정림사지 오층석탑(국보 제9호)의 양식을 모방한 백제계 석탑이 몇 개 전하고 있는데 이 탑 역시 그런 계열에 속하는 탑입니다.

3. 부여 무량사 오층석탑 보물 제185호(고려시대)

▲금동불상군

백제와 통일신라시대의 석탑 양식을 조화시켜 만든 고려 전기의 탑으로 백제의 옛 땅에 위치한 지리적 특성으로 백제의 기법이 이어지고 통일신라시대의 시대적인 양식도 계승되어 있습니다.

서산시

1. 서산 보원사지 오층석탑 보물 제104호(고려시대)

2단의 기단 위에 5층의 탑신을 올린 것으로 아래기단 옆면에는 사자상을 새기고 윗기단 옆면에는 팔부중상을 2구씩 새겼습니다.
팔부중상은 통일신라시대와 고려에 걸쳐 석탑의 기단에 많이 나타나고 지붕돌이 넓어진 것은 백제계 석탑 양식을 모방한 것으로 옛 백제지역의 특색이 잘 나타나 있습니다.

보령시

1. 보령 성주사지 오층석탑 보물 제19호(통일신라시대)

전체적으로는 통일신라시대 탑의 전형적인 모습이나, 1층 몸돌 아래에 괴임돌을 따로 끼워둔 것은 고려석탑으로 이어지는 새로운 형식입니다.

2. 보령 성주사지 중앙 삼층석탑 보물 제20호(통일신라시대)

상·하 2단의 기단 위에 3층의 탑신을 올리고 있고 탑신부의 1층의 몸돌 남쪽의 한 면에는 문짝 모양을 조각하였고, 자물쇠 모양을 그 가운데에, 자물쇠 아래로 짐승 얼굴 모양의 문고리 한 쌍을 배치하였으며, 나머지 공간은 못머리 모양의 둥근 조각으로 채워졌습니다.

3. 보령 성주사지 서삼층석탑 보물 제47호(통일신라시

탑을 받치고 있는 기단은 2단으로 되어 있으며, 기단 맨 윗돌에 1층 탑몸돌을 괴기 위한 별도의 받침돌을 두어 고려석탑으로 이어지는 새로운 양식을 보여주며, 3층을 이루는 탑신의 1층 몸돌 남쪽 면에는 짐승얼굴 모양의 고리 1쌍을 조각하였습니다.

충청북도

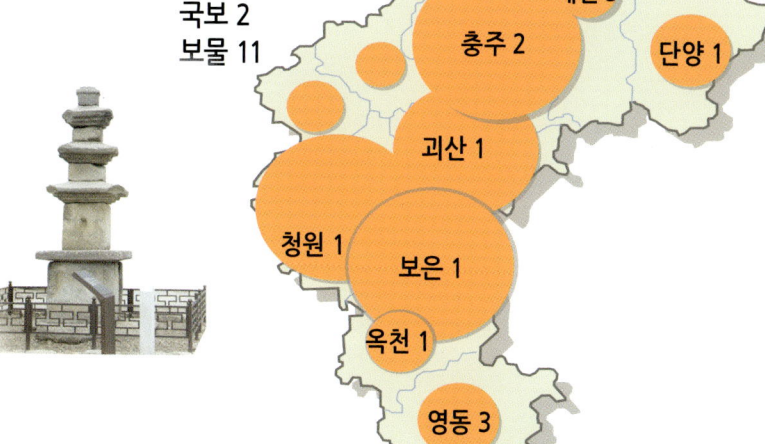

국보 2
보물 11

제천 3
충주 2
단양 1
괴산 1
청원 1
보은 1
옥천 1
영동 3

괴산군

괴산 보안사 삼층석탑 보물 제1299호(고려시대)

의 기단 위에 3층의 탑신을 올린 모습이며 충
지역에서 발견된 석탑 가운데에는 탑신에 감실
새긴 예가 드물어 특이한 양식입니다.

영동군

영동 영국사 삼층석탑 보물 제533호(신라시대)

위·아래층 기단의 네 면에는 무
늬가 새겨져 있으며 1층 몸돌
정면에는 자물쇠와 문고리까지
있는 문짝 모양이 있습니다.

2. 영동 영국사 망탑봉 삼층석탑 보물 제535호(고려시대)

커다란 화강암을 기단으로 삼고 그 위로 3층의 탑신을 올린 탑입니다.

3. 영동 반야사 삼층석탑 보물 제1371호(고려시대)

초층탑신의 결구수법은 신라석탑의 전통을 그대로
계승하고 있으며, 기단면석과 초층탑신을 꼽도록 하
면에 홈을 판 점은 충청도와 전라도 일원에 건립된
백제계 석탑의 양식이라 할 수 있습니다.

청원군

1. 청원 계산리 오층석탑 보물 제511호(고려시대)

고려 중기에 세워진 것으로 보이는 1단의 기단 위에 5층의
탑신을 올린 석탑입니다.

옥천군

옥천 용암사 동·서 삼층석탑 보물 제1338호(고려시대)

산천비보사상(탑이나 건물을 건립해 산
천의 쇠퇴한 기운을 북돋아준다는 것)
에 의해 건립된 석탑 중 유일한 쌍탑으
로 같은 모양의 석탑 2기는 2층기단 위
에 3층의 탑신을 올렸습니다.

단양군

1. 단양 향산리 삼층석탑 보물 제405호(통일신라시대)

2단의 기단 위에 삼층의 탑신을 세운 탑으로 몸돌에는 모서리
마다 기둥 모양의 조각을 하였고 특히 1층 몸돌에만 문짝 모양
의 조각이 있습니다.

제천시

1. 제천 사자빈신사지 사사자 구층석탑 보물 제94호(고려시대)

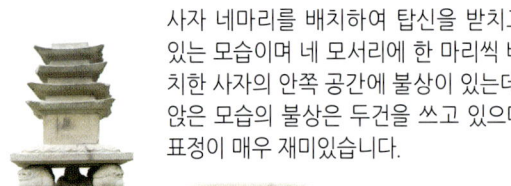

사자 네마리를 배치하여 탑신을 받치고 있는 모습이며 네 모서리에 한 마리씩 배치한 사자의 안쪽 공간에 불상이 있는데, 앉은 모습의 불상은 두건을 쓰고 있으며 표정이 매우 재미있습니다.

2. 제천 장락동 칠층 모전석탑 보물 제459호(통일신라시대)

돌을 벽돌 모양으로 깎아 쌓은 회흑색의 점판암을 사용한 모전석탑으로 1층의 네 모서리에는 점판암 대신 화강암을 다듬은 기둥을 세웠으며 남쪽과 북쪽면에 사리를 두는 감실을 설치하여 문을 달아 놓았는데, 현재 남쪽의 것은 없어졌습니다.

3. 제천 신륵사 삼층석탑 보물 제1296호(고려시대)

통일신라시대의 석탑양식을 잘 계승하고 있는 고려 전기의 탑입니다.

충주시

1. 충주 탑평리 칠층석탑 국보 제6호(통일신라시대)

현존하는 통일신라시대의 석탑 중 가장 규모가 크며, 우리나라의 중앙부에 위치한다고 해서 중앙탑이라고도 부르는 이 탑은 화강암으로 된 2단의 기단 위에 7층의 탑신을 하고 있습니다.

2. 충주 미륵리 오층석탑 보물 제95호(고려시대)

매우 드물게 찰주가 남아 있는 오층석탑입니다. 5단의 지붕들 밑면받침과 직선의 처마는 신라시대 석탑의 양식을 따른 것입니다.

보은군

1. 보은 법주사 팔상전 국보 제55호(조선시대)

우리나라의 탑 중에서 가장 높은 건축물이며 우리나라에 남아 있는 유일한 오층 목조탑으로 벽면에 부처의 일생을 8장면으로 구분하여 그린 팔상도가 그려져 있어 팔상전이라 합니다.

▲팔상도

▲사리장엄구

전라남도

국보 2
보물 26

곡성군

1. 곡성 가곡리 오층석탑 보물 제1322호(고려시대)

고려시대에 건립된 일반형 석탑의 양식은 물론 충청도와 전라도 지방을 중심으로 건립되던 백제계 석탑의 특징을 잘 나타내는 탑입니다.

나주시

1. 나주 북망문 밖 삼층석탑 보물 제50호(고려시대)

심향사 경내 미륵전 앞에 있는 탑으로, 상·하 2기단 위에 3층의 탑신을 세운 일반적인 석탑입니다.

진도군

1. 진도 금골산 오층석탑 보물 제529호(고려시대)

이 탑의 기단부와 1층 몸돌은 매우 길게 조성되어 정읍 은선리 삼층석탑(보물 제167호) 양식을 따르고 있습니다.
이는 부여 정림사지 오층석탑(국보 제9호)을 모방한 백제 양식이 국토의 최남단 섬에까지 퍼졌다는 것으로서 주목할 만한 점입니다.

보성군

1. 보성 우천리 삼층석탑 보물 제943호(통일신라시대)

3층 옥개석에 찰주구멍이 없으며 복발은 중앙부에 융기선 두 줄의 띠가 둘렸고, 4면에 연꽃이 장식되어 있는 석탑입니다.

2. 보성 봉천리 오층석탑 보물 제1115호(고려시대)

위층기단의 남쪽 면에 승려의 모습이 돋을새김되어 있습니다.

영암군

1. 영암 성풍사지 오층석탑 보물 제1118호(고려시대)

고려 목종 12년(1009)에 조성된 탑으로 기단을 2단으로 두고, 5층의 탑신을 쌓아 올렸습니다.

2. 영암 월출산 용암사지 삼층석탑 보물 제1283호(고려시대)

'탑봉'이라 불리는 바위 위에 세워져 있으며 전체의 무게를 받치는 기단은 2단이며 그 위로 3층의 탑신을 쌓았습니다.

▲사리갖춤

3. 영암 도갑사 오층석탑 보물 제1433호(고려시대)

전체적으로 균제된 체감률과 안정된 조형미를 가지고 있는 고려 초기 석탑입니다.

순천시

1. 순천 선암사 동·서 삼층석탑 보물 제395호(통일신라시대)
이곳 절 서쪽에 높이가 10여 장(丈)이나 되고 면이 평평한 큰 돌이 있는데, 사람들은 옛 선인이 바둑을 두던 곳이라고 하였다고 합니다. 이 때문에 '선암'이라는 절이름이 생겼으며 동·서 삼층석탑은 2단으로 이루어진 기단 위에 3층의 탑신을 올린 형태로 규모와 수법이 서로 같습니다.

2. 순천 동화사 삼층석탑 보물 제831호(고려
탑의 규모가 작아지면서 각 부분의 표현이 약해지고, 지붕돌 밑면의 받침도 3단으로 줄어드는 등 통일신라시대 후기에서 고려로 이어지는 탑의 양식이 잘 나타나 있습니다.

3. 순천 금둔사지 삼층석탑 보물 제945호(통일신라시대)
통일신라시대의 전형양식을 갖추고 있으며 1층 몸돌의 앞뒷면에는 자물쇠가 달린 문짝을, 양 옆면에는 불상을 향하여 다과를 공양하는 공양상과 기단부에는 팔부중상이 새겨져 있습니다.

▲사리장엄구(보물 제955호)

영광군

1. 영광 신천리 삼층석탑 보물 제504호(고려시대)

이흥사의 옛터에 남아 있는 3층석탑으로 2단의 기단 위에 3층의 탑신을 올린 모습으로 꼭대기에는 머리장식을 받치던 받침돌만 남아 있습니다.

강진군

1. 강진 월남사지 삼층석탑 보물 제298호(고려시대)
전라도 지역에서는 규모나 양식으로 매우 중요한 석탑이라 할 수 있는데 단층의 기단 위에 3층의 탑신을 올린 탑으로 탑신부의 1층 몸돌은 매우 높으며, 2층 몸돌부터는 그 높이가 급격히 줄어드는 석탑입니다.

2. 강진 금곡사 삼층석탑 보물 제829호(고려시대)
백제양식이 보이는 고려시대의 탑으로 기단에서 3층 탑신에 이르기까지 점차로 규모를 줄여 안정된 비례를 보이며 각 부분에 짜임새가 있다는 점에서 이 탑의 우수함을 볼 수 있습니다.

장흥군

1. 장흥 천관사 삼층석탑 보물 제795호(고려시대)
2단의 기단 위에 3층의 탑신이 올려진 고려시대의 탑으로 신라 진흥왕 때 통령화상이 창건한 사찰로서 천관보살을 모셨다 하여 천관사라 하였답니다.

광양시

1. 광양 중흥산성 삼층석탑 보물 제112호(통일신라
위층기단에는 한 면을 둘씩 나누어서 앞면에는 인왕상을, 양 측면는 사천왕상을, 뒷면에는 보살상을 새기고 탑신부 1층 몸돌의 각에는 연꽃대좌 위에 앉아 있는 여래상을 조각하였으며 2층 이상 몸돌은 훨씬 작아지는 형태입니다.

2. 장흥 보림사 남·북 삼층석탑 및 석등 국보 제44호(통일신라시대)
통일신라시대 경문왕 10년(870)에 만들어진 것으로 남북으로 세워진 두 탑은 구조와 크기가 같으며, 머리장식을 얹은 통일신라시대의 전형적인 석탑입니다.

해남군

1. 해남 대흥사 북 미륵암 삼층석탑 보물 제301호(고려시대)

한반도의 남쪽 끝인 해남에 있는 고려 전기의 석탑입니다.

2. 해남 대흥사 삼층석탑 보물 제320호(통일신라시대)

신라 자장율사가 중국에서 가져온 석가여래의 사리를 모신 사리탑이라 전해지는 신라시대의 일반형 석탑입니다.

담양군

1. 담양 남산리 오층석탑 보물 제506호(고려시대)

기단은 다른 탑에 비하여 높이가 매우 낮아 특이하며, 기단 맨 윗돌의 너비가 1층 지붕돌의 너비보다 좁은 것 또한 특이한 양식입니다. 부여 정림사지 5층 석탑(국보 제9호)을 모방하였습니다.

구례군

구례 화엄사 사사자 삼층석탑 국보 제35호(통일신라시대)

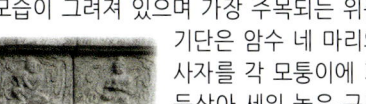

경주 불국사 다보탑(국보 제20호)과 더불어 우리나라 이형석탑의 쌍벽을 이루고 있는 이탑은 2단의 기단 위에 3층의 탑신을 올린 형태입니다.
아래층기단의 각 면에는 천인상이 악기와 꽃을 받치고 춤추며 찬미하는 등의 다양한 모습이 그려져 있으며 가장 주목되는 위층 기단은 암수 네 마리의 사자를 각 모퉁이에 기둥삼아 세워 놓은 구조

모두 앞을 바라보며 입을 벌린 채 날카로운 이를 드러내고 있습니다.
자들에 에워싸여 있는 중앙에는 합장을 스님상이 있는데 이는 연기조사 어머니라고 전해지며, 바로 앞 석등의 탑을 향해 꿇어앉아 있는 스님상 석등을 이고 어머니께 차를 공양하는 연기조사의 지극한 효성을 표현해 준 것이라 합니다.

구례 화엄사 서 오층석탑 보물 제133호(통일신라시대)

2단의 기단 위에 5층의 탑신을 세운 것으로 1층 몸돌 세 곳에 나타난 조각상은 그 배치에 보다 신중을 기하였고, 특히 십이지신·팔부중상·사천왕 모두 불교의 수호신적 기능을 지닌 조형물이라는 점에서 탑 안에 모셔진 사리를 보호하려는 의도가 강하게 나타나고 있으며 석탑 남쪽으로는 안상과 연꽃이 조각된 배례석이 놓여 있습니다.

▲사리갖춤

5. 구례 연곡사 삼층석탑 보물 제151호(통일신라시대)

3단의 기단 위로 3층의 탑신을 올린 탑입니다

2. 구례 화엄사 동 오층석탑 보물 제132호(통일신라시대)

화엄사 대웅전 앞에는 동서로 쌍탑이 서 있는데 그 중에 동쪽에 서 있는 것이 이 탑으로 크기는 서로 비슷하지만 서탑이 조각과 장식이 화려한 반면, 동탑은 아무런 장식 없이 단정하며, 1단의 기단 위에 5층의 탑신을 올린 형태로, 서탑의 기단이 2단인 것과는 조금 다른 모습입니다.

4. 구례 화엄사 원통전 앞 사자탑 보물 제300호(통일신라시대)

기단은 2단으로, 아래층기단은 무늬 없는 석재로 구성된 소박한 모습입니다.
위층기단의 각 모서리에 사자들은 연꽃받침 위에 앉아 연꽃이 조각된 돌을 머리에 이고 있고 탑신 몸돌의 각 면에는 직사각형의 테두리를 둘렀으며, 그 안에 신장상을 조각하였습니다.

6. 구례 논곡리 삼층석탑 보물 제509호(신라시대)

기단은 네 모서리에 기둥 모양을 새기고 맨 윗돌에는 두툼한 연꽃받침을 두어 탑신을 받치도록 하였고 화려한 12개의 연꽃조각은 끝이 위로 올라가 있습니다.
이러한 받침대는 다른 석탑에서는 볼 수 없는 특이한 양식입니다.

화순군

1. 화순 운주사 구층석탑 보물 제796호(고려시대)

운주사의 여러 탑 가운데 높이가 가장 높은 것으로 커다란 바윗돌로 바닥돌과 아래 층기단을 삼고 그 위로 위층기단을 쌓은 후 9층에 이르는 탑신을 세운 탑입니다.

2. 화순 운주사 원형 다층석탑 보물 제798호(고려시대)

운주사에는 통일신라시대 후기의 승려 도선국사가 우리나라의 지형을 배로 보아 배 한복판에 해당하는 호남 땅이 영남 땅보다 산이 적어 배가 한쪽으로 기울 것을 염려하여 1천 개의 불상과 1천 개의 탑을 하루 낮 하루 밤 사이에 도력으로 만들었다는 전설이 내려오고 있습니다.

이 탑의 기단은 2단의 둥근 바닥돌에 높직한 10각의 돌을 쌓아 올리고 그 위로 16장의 연꽃잎을 장식한 돌을 올려 마무리하였습니다.

광주광역시

1. (전) 광주 성거사지 오층석탑 보물 제109호(고려시대)

광주공원 안에 있는 탑으로 원래 이곳을 성거산이라 불렀는데 산의 모양이 거북처럼 생겼으므로 광주를 떠나지 못하도록 등 부분의 위치에 성거사를 세우고 거북의 목 부근에는 5층석탑을 세웠다고 합니다.

몸돌 전체를 아래위 2단으로 나누어 5개의 돌을 맞추고 있는데, 이러한 양식은 이전에는 볼 수 없었던 고려시대에 흔히 나타나는 특색입니다.

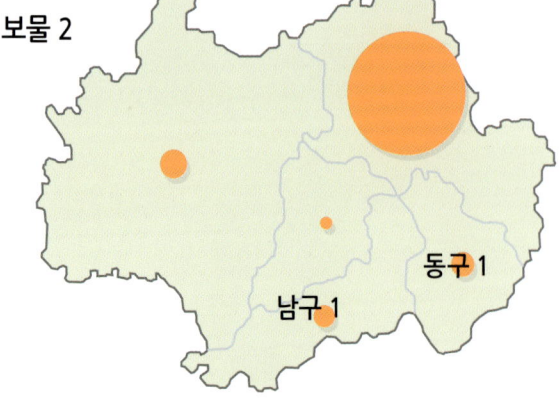

▲사리장엄구

2. 광주 지산동 오층석탑 보물 제110호(통일신라시대)

신라석탑의 기본형을 잃지 않고 있는 탑이며 지붕돌 밑면의 받침이 1층은 5단인데 비해 2층부터는 4단으로 간략화되어 있습니다.

제주특별자치도

1. 불탑사 오층석탑 보물 제1187호(고려시대)

1단의 기단 위로 5층의 탑신을 두고, 머리장식을 얹어 마무리한 모습으로 기단은 뒷면을 뺀 3면에 안상을 얕게 새겼는데, 무늬의 바닥선이 꽃무늬처럼 솟아나도록 조각하였고 탑신의 1층 몸돌 남쪽 면에는 감실을 만들어 놓았습니다.

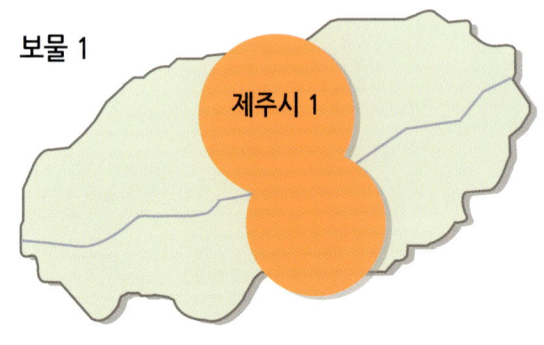

전라북도

국보 3
보물 8

군산 1　익산 2
김제 3
정읍 2
남원 3

익산시

1. 익산 미륵사지 석탑 국보 제11호(백제시대)

백제말 무왕(재위 600~641) 때에 세워진 이 탑은 현존하는 가장 오래 되고 커다란 규모를 자랑하는 석탑으로, 양식상 목탑에서 석탑으로 이행하는 과정을 충실하게 보여주고 있습니다.
기단은 목탑과 같이 낮은 1단이고 탑신은 1층 몸돌에 각 면마다 3칸씩을 나누고 가운데 칸에 문을 만들어서 사방으로 내부가 통하게 만들었으며, 내부 중앙에는 거대한 사각형 기둥을 세웠고 1층 몸돌의 네 면(모서리기둥)은 목조건축의 배흘림기법을 따르고 있습니다.

2. 익산 왕궁리 오층석탑 국보 제289호(고려시대)

마한시대의 도읍지로 알려진 익산 왕궁면에 있는 이 탑은 1단의 기단 위로 5층의 탑신을 올린 모습입니다. 기단은 네 모서리에 팔각으로 깎은 주춧돌을 기둥삼아 놓고, 기둥과 기둥 사이에는 길고 큰 네모난 돌을 지그재그로 맞물리게 여러 층 쌓아 올려놓아 목조탑의 형식을 석탑에서 그대로 재현하고 있고 백제의 옛 영토 안에서 고려시대까지 유행하던 백제계 석탑양식에 신라 탑의 형식이 일부 어우러진 탑입니다.

▲사리장엄구(국보 제123호)

군산시

1. 군산 발산리 오층석탑 보물 제276호(고려시대)

고려 탑의 간결한 아름다움이 잘 나타나 있는 이 탑은 2단의 기단 위에 5층의 탑신을 올린 형태였으나 지금은 탑신의 한 층이 없어지고 4층까지만 남아 있습니다.

정읍시

1. 정읍 은선리 삼층석탑 보물 제167호(고려시대)

우리나라에서는 일찍이 볼 수 없었던 독특한 모습을 하고 있는데 1층의 몸돌은 대단히 높아 기형적인 인상을 주며 각 면 모서리에는 희미하게 기둥 모양을 본떠 새겨놓았으며 2층 몸돌은 높이와 너비가 급격히 줄었고 남쪽 면에 2매의 문짝이 달려 있는데, 이는 감실을 설치한 것으로 보이며 보통은 벽면에 본떠 새기기만 하는데 이처럼 양측에 문짝을 단 경우는 매우 희귀합니다.

2. 정읍 천곡사지 칠층석탑 보물 제309호(고려시대)

낮은 단층기단 위에 7층 탑신을 올린 방형 평면의 석탑으로 옥개석의 양식이 특이하여 이형석탑으로 분류하고 있습니다.

김제시

1. 김제 금산사 오층석탑 보물 제25호(고려시대)

이 석탑의 색다른 면은 6번째 층이 다른 층처럼 몸돌의 각 귀퉁이에 기둥이 새겨져 있고, 지붕돌 모양의 것이 덮여 있으나, 이것은 탑의 머리장식을 받치기 위한 노반으로 다른 탑에서는 볼 수 없는 독특한 모습입니다.

2. 김제 금산사 육각 다층석탑 보물 제27호(고려시대)

우리나라의 탑이 대부분 밝은 회색의 화강암으로 만든 정사각형의 탑인데 비해, 이 탑은 흑백의 점판암으로 만든 육각 다층석탑으로 기단에는 연꽃조각을 아래위로 장식하였고, 몸돌은 각 귀퉁이마다 기둥 모양이 새겨져 있고, 각 면에는 원을 그린 후 그 안에 좌불상을 새겨 놓았습니다.

3. 김제 금산사 심원암 삼층석탑 보물 제29호(고려시대)

금산사는 백제 법왕이 그의 즉위년(599)에 칙령으로 살생을 금하고 그 이듬해에 이 절을 창건하여 38인의 승려를 득도시킨 사찰로서 2층의 기단 위에 3층의 탑신을 올린 모습으로 아름다운 탑입니다.

남원시

1. 남원 실상사 백장암 삼층석탑 국보 제10호(통일신라시대)

낮은 기단 위에 3층의 탑신을 올린 모습으로 기단과 탑신 괴임에는 난간 모양을 새겨 멋을 내었고, 탑신의 1층에는 보살상과 신장상을, 2층에는 음악을 연주하는 천인상을, 3층에는 천인좌상을 새겼으며 지붕돌 밑면에는 연꽃무늬를 새겼는데 3층만은 삼존상이 새겨져 있습니다.

2. 남원 만복사지 오층석탑 보물 제30호(고려시대)

고려 문종 때인 11세기에 세워진 것으로 탑신부의 1층 몸돌은 대단히 높고 2층 이상은 약 3분의 1로 크기가 줄어들었고 몸돌에는 모서리마다 기둥 모양을 조각하였으며 지붕돌은 밑면 전체가 위로 들려 있어, 마치 목조건축의 지붕을 보고 있는 듯합니다.

3. 남원 실상사 동·서 삼층석탑 보물 제37호(통일신라시대)

실상사는 통일신라시대 흥덕왕 3년(828)에 홍척이 창건하였으며 풍수지리설에 의거하여, 이곳에 절을 세우지 않으면 우리나라의 정기가 일본으로 건너간다 하여 지은 것이라 합니다. 동·서 두 탑 모두 탑의 머리장식이 거의 완전하게 보존되어 있는 희귀한 예입니다.

강원도

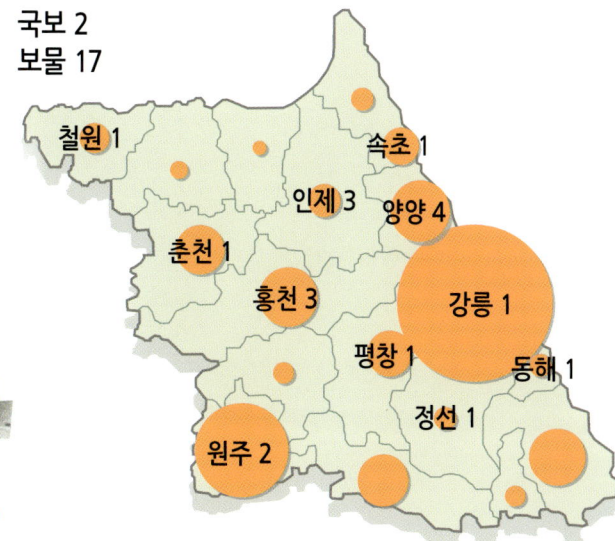

국보 2
보물 17

양양군

양양 진전사지 삼층석탑 국보 제122호(통일신라시대)

통일신라시대의 대표적인 석탑 가운데 하나로서 2단의 기단 위에 3층의 탑신을 올려놓은 모습으로 아래층 기단에는 날아갈 듯한 옷을 입은 천인상이 있으며, 위층기단에는 구름 위에 앉아 무기를 들고 있는 팔부중상이 있습니다.

2. 양양 선림원지 삼층석탑 보물 제444호(통일신라시대)

전형적인 신라석탑으로 위층기단은 한 면을 둘로 나눈 뒤 팔부중상을 새겼습니다.

양양 오색리 삼층석탑 보물 제497호(통일신라시대)

전형적인 통일신라시대의 석탑으로. 2단의 기위에 3층의 탑신을 두고 있는 형태입니다.

4. 양양 낙산사 칠층석탑 보물 제499호(조선시대)

석탑은 창건 당시 3층이던 것을 세조 13년(1467)에 이르러 현재의 7층으로 조성한 탑입니다.
새로이 조성할 때 수정으로 만든 염주와 여의주를 탑 속에 봉안하였다고 합니다. 고려시대의 여운이 남아 있는 석탑 중 하나입니다.
탑의 머리장식부에는 찰주를 중심으로 원나라의 라마탑을 닮은 여러 장식들이 원형대로 보존되어 있어 또 다른 특징이 되고 있습니다.

강릉시

강릉 신복사지 삼층석탑 보물 제87호(고려시대)

 석에 24개의 연꽃잎이 둘러 새겨져 있고 1층기단 총 12개의 안상이 새겨져 있으며 1층 탑신에 감실이 습니다.

정선군

1. 정선 정암사 수마노탑 보물 제410호(고려시대)

신라선덕 여왕 12년(643) 장장율사가 창건한 것으로 전해지는 정암사의 천의봉 중턱에 있는 탑이며 신라 모전석탑을 이어받아 돌을 벽돌 모양으로 깎아 쌓은 것입니다.
7층에 청동제 상륜부가 그 자태를 뽐내고 있는 이 수마노탑은 재질이 석회암으로 국내에서는 희귀한 석탑으로 평가되고 있습니다.

원주시

1. 원주 흥법사지 삼층석탑 보물 제464호(고려시대)

아래층기단의 각 면에는 안상이 3개씩 새겨져 있는데, 꽃 모양처럼 솟아올라 있고 부처의 사리나 불경 등을 모시고 있는 탑신은 기단에 비해 너무 작은 모습입니다.
1층 몸돌에는 네모난 문비가 새겨져 있는데 문비 안에는 마멸이 심한 문고리 장식이 남아 있습니다.

동해시

1. 동해 삼화사 삼층석탑 보물 제1277호(통일신라시대)

기단은 각층 모두 네 면의 모서리와 가운데에 기둥모양의 조각이 있습니다.

2. 원주 거돈사지 삼층석탑 보물 제750호(신라시대)

보통의 삼층석탑은 평지에 조성되어 있는데 이 탑은 축대 위에 석탑을 쌓아놓았고 2단의 기단위로 3층의 탑신을 올린 모습입니다.

홍천군

1. 홍천 희망리 삼층석탑 보물 제79호(고려시대)

1단의 기단 위에 3층의 탑신을 갖춘 고려시대의 일반적인 삼층석탑입니다.

2. 홍천 괘석리 사사자 삼층석탑 보물 제540호(고려시대)

네마리의 돌사자가 있어 사사자탑이라 부르며 아래층기단의 각 면에는 안상이 조각되어 있고 그 안에 꽃무늬조각이 장식되어 고려시대의 특징이 잘 담겨져 있습니다.

3. 홍천 물걸리 삼층석탑 보물 제545호(통일신라시대)

위층기단과 아래층기단의 각 면에는 모서리와 가운데에 하나씩의 기둥 모양을 새겼습니다.

춘천시

1. 춘천 칠층석탑 보물 제77호(고려시대)

탑의 받침대 역할을 하는 위층기단도 탑몸돌에 비하여 제법 넓어 안정감이 있으며, 맨 윗돌에는 연꽃무늬를 새긴 널판돌을 놓아 1층 탑 몸돌을 괴고 있습니다.

인제군

1. 인제 한계사지 남 삼층석탑 보물 제1275호(통일신라시대)

쌍탑으로 보기도 하는 두 삼층석탑 가운데 금당터 앞에 서 있는 것이며 이 탑으로 받침대 역할을 하는 기단을 2층으로 두고, 그 위로 3층의 탑신을 세운 것으로 아래층기단에는 동그란 안상이 얕게 조각되어 있습니다.

평창군

1. 평창 월정사 팔각 구층석탑 국보 제48호(고려시대)

고려시대가 되면 4각형 평면에서 벗어난 다각형의 다층석탑이 우리나라 북쪽지방에서 주로 유행하게 되는데, 이 탑도 그러한 흐름 속에서 만들어진 것으로, 고려 전기 석탑을 대표하는 탑으로 팔각 모양의 2단 기단 위에 9층 탑신을 올린 뒤, 머리장식을 얹어 마무리하고 아래층기단에는 안상을 새겨 놓았으며 1층 탑신의 4면에 작은 규모의 감실과 지붕돌에는 8곳의 귀퉁이마다 풍경을 달아 놓았습니다.

사리장엄구(보물 제1375호)

2. 인제 한계사지 북 삼층석탑 보물 제1276호(통일신라시대)

인제 한계사지 남 삼층석탑(보물 제1275호)과 비슷한 모습이나 탑신의 지붕돌 받침수가 1·2·3층 모두 4단인 점이 다릅니다.

3. 인제 봉정암 오층석탑 보물 제1832호(고려시대)

이 석탑은 자연 암반을 기단으로 삼은 높이 3.6m의 석탑입니다. 또한 부처님의 진신사리를 봉안한 석탑으로 통도사, 상원사, 정암사, 법흥사와 함께 5대 적멸보궁의 하나입니다.

철원군

1. 철원 도피안사 삼층석탑 보물 제223호(통일신라시대)

기단은 보통 사각의 돌을 이용하는데 비해 여기에서는 팔각 모양의 돌로 높게 2단을 쌓았고 아래층기단의 8면에는 안상이 조각되어 있습니다.

속초시

1. 속초 향성사지 삼층석탑 보물 제443호(신라시대)

동해안에서는 가장 북쪽에 위치한 신라시대 석탑으로 신라석탑의 양식을 그대로 이어받고 있습니다.

경상남도

국보 1
보물 22

양산시

1. 양산 통도사 봉발탑 보물 제471호(고려시대)

석가세존의 옷과 밥그릇을 미륵보살이 이어받을 것을 상징한 조형물로서 받침부분 위에 뚜껑 있는 큰 밥그릇을 얹은 듯한 희귀한 모습이고 받침부분의 돌은 아래·가운데·윗부분으로 구성되며 장고를 세워 놓은 듯한 모양입니다.

2. 양산 통도사 삼층석탑 보물 제1471호(통일신라시대)

2중 기단 위에 3층 탑신을 올린 통일신라시대의 일반형 석탑입니다.

진주시

1. 진주 묘엄사지 삼층석탑 보물 제379호(고려시대)

2단의 기단 위에 세워진 삼층석탑으로 1층의 서쪽 면에는 창살이 있는 두 짝의 문 모양과 고리가 얇게 새겨져 있습니다.

의령군

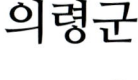

1. 의령 보천사지 삼층석탑 보물 제373호(고려시대)

2단의 기단 위로 3층의 탑신을 얹었는데, 고려시대 탑 이긴 하나 신라의 일반적인 양식을 이어받고 있습니다.

함양군

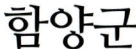

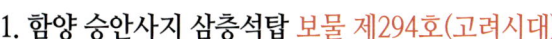

1. 함양 승안사지 삼층석탑 보물 제294호(고려시대)

통일신라시대의 양식을 따르면서도 곳곳에 고려 특유의 수법을 보여주고 있고 위층기단에는 부처, 보살, 비천 등의 모습을 새기고 맨 윗돌에는 연꽃 조각을 새겨 둘러놓았는데, 이러한 장식은 보기 드문 모습입니다.

2. 함양 벽송사 삼층석탑 보물 제474호(조선시대)

벽송사는 조선 중종 15년(1520)에 벽송이 창건한 사찰로서 조선시대에 만들어진 신라양식의 탑입니다. 특이한 점은 바닥돌과 아래층기단의 사이에 높직하게 딴 돌을 끼워놓은 것이고 또한 일반적으로 법당 앞에 탑을 두는 것과 달리 탑을 절 뒤쪽의 언덕 위에 세우고 있어 주목할 만한 점이라 할 수 있습니다.

밀양시

1. 밀양 소태리 오층석탑 보물 제312호(고려시대)

단층의 기단 위에 5층의 탑신을 올린 형태로 각 면에는 안상이 2구씩 새겨져 있습니다.

2. 밀양 만어사 삼층석탑 보물 제466호(고려시대)

고려 중기에 만들어진 것으로 1단의 기단 위에 올려진 삼층석탑입니다.

3. 밀양 표충사 삼층석탑 보물 제467호(통일신라시대)

1층 몸돌은 기단에 비해 지나치게 높은 형태로, 균형 면에서 특이한 형태를 하고 있는 신라석탑양식을 따른 탑입니다.

▲금동불상군

창녕군

1. 창녕 술정리 동 삼층석탑 국보 제34호(통일신라시대)

이 지역은 삼국시대부터 신라의 영역에 속해 있던 곳이며, 진흥왕 때부터 신라의 정치·군사상의 요충지로서 탑은 2단의 기단에 3층의 탑신을 올린 형태입니다.

▲사리갖춤

4. 밀양 숭진리 삼층석탑 보물 제468호(고려시)

1단의 기단 위에 3층의 탑신을 올린 형태로 탑신부는 1층 몸돌이 각각 한 돌이고, 1층 지붕돌도 한 돌이지만 2층 돌과 3층 몸돌을 한 돌로 만든 점이 특이합니다.

2. 창녕 술정리 서 삼층석탑 보물 제520호(통일신라시대)

이 탑은 위층기단과 아래층기단을 8개의 돌로 구성한 특이한 수법이 나타나 있는 신라식 일반형 석탑입니다.

산청군

1. 산청 단속사지 동 삼층석탑 보물 제72호(통일신라시대)
동서로 두 탑이 서 있는데 그 중 동쪽에 세워진 것이 이 탑으로, 2단의 기단에 3층의 탑신을 올린 통일신라시대의 전형적인 모습입니다.

2. 산청 단속사지 서 삼층석탑 보물 제73호(통일신라시대)
2단의 기단에 3층의 탑신을 올린 통일신라시대의 전형적인 모습입니다.

3. 산청 법계사 삼층석탑 보물 제473호(고려시대)
법계사는 신라 진흥왕 5년(544)에 세워진 절이라고 합니다. 바위를 기단으로 이용한 탑은 신라 이후로 유행하였는데, 이 탑처럼 아래 기단부를 간략하게 처리한 경우는 드물게 나타납니다.

4. 산청 대원사 다층석탑 보물 제1112호(조선시대)
이 탑에서 가장 주목되는 부분인 기단의 위층은 모서리에 기둥 모양을 본떠 새기는 대신 인물상을 새기고, 4면에 사천왕상을 만들어 놓았습니다.

5. 산청 내원사 삼층석탑 보물 제1113호(통일신라시대)
2단 기단 위에 3층의 탑신을 쌓아올린 모습이고 불에 타서 심하게 손상되어 있습니다.

산청 대포리 삼층석탑 보물 제1114호(신라시대)
의 기단 위에 3층의 탑신을 세운 모습으로 아래층기단은 가운 기둥이 2개씩이어서 이 지역에서는 보기 드문 모습입니다.

울산광역시

보물 1

1. 울주 청송사지 삼층석탑 보물 제382호(통일신라시대)
2단의 기단 위에 3층의 탑신을 세운 모습인데 1층 몸돌이 지나치게 큰 반면 지붕돌이 작아서 균형이 이상하지만 지방에 분포된 신라석탑의 한 예입니다.

합천군

1. 합천 월광사지 동·서 삼층석탑 보물 제129호(통일신라시대)
동·서로 세워진 쌍탑으로, 모두 2층 기단 위에 3층 탑신을 올린 일반적인 모습입니다.

2. 합천 청량사 삼층석탑 보물 제266호(통일신라시대)
《삼국사기》에 의하면 최치원이 거주했던 곳이라고 합니다. 바닥돌 아래에 화강석을 두른 널찍한 구역을 이루고 있는 보기 드문 모습을 하고 있습니다.

3. 합천 영암사지 삼층석탑 보물 제480호(신라시대)
영암사 터는 황매산 남쪽 기슭에 있는 신라시대의 절터로서 통일신라시대 석탑의 전형양식을 따르고 있는 삼층석탑입니다.

4. 합천 해인사 원당암 다층석탑 보물 제518호(통일신라시대)
청석탑은 대체로 고려시대에 본격적으로 유행하게 되지만 이 석탑은 신라 말에 만들어져 청석탑의 선구라 할 수 있는 다층석탑입니다.

5. 합천 해인사 길상탑 보물 제1242호(통일신라시대)
신라 진성여왕 8년(895) 통일신라시대 후기의 혼란 속에 절의 보물을 지키려다 희생된 스님들의 영혼을 달래기 위해서 탑을 건립했다는 통일신라시대의 전형적인 석탑입니다.

부산광역시

1. 부산 범어사 삼층석탑 보물 제250호(신라시대)
통일신라시대 흥덕왕(재위 826~836) 때에 세운 탑으로 2단의 기단 위에 3층의 탑신이고 위층과 아래층기단의 옆면은 기둥 모양의 장식이 없고 대신 안상이 큼직하게 조각되어 있습니다.

보물 1   금정구 1

경상북도

국보 13
보물 45

봉화 1
울진 1
영주 1
영양 3
문경 2 예천 2 안동 4
영덕 1
상주 2 의성 3
구미 3 군위 1
김천 4 칠곡 2 영천 2
성주 1 경산 1 경주 21
청도 3

구미시

1. 구미 죽장리 오층석탑 국보 제130호(통일신라시대)
바닥돌에서 머리장식에 이르기까지 100여 개가 넘는 석재로 짜여 있으며, 전탑형의 오층탑으로는 국내에서 가장 높은 탑으로, 높이가 10m 정도입니다.

2. 구미 낙산리 삼층석탑 보물 제469호(통일신라시대)
통일신라시대의 전형적인 석탑양식이고 탑신부의 1층 몸돌은 남쪽에 불상을 모시기 위한 방이 설치되어 있고, 방(감실) 입구에는 문을 달았던 동그란 구멍이 남아 있습니다.

3. 구미 도리사 석탑 보물 제470호(고려시대)
신라 최초의 절에 있는 특이한 형태로 몸돌과 지붕돌 윗부분의 층단 구성이 모전석탑처럼 보이는 석탑으로 이 모습을 한 탑은 유례를 찾아보기 어렵습니다.

봉화군

1. 봉화 서동리 동·서 삼층석탑 보물 제52호(통일신라시대)
춘양중학교 교내에 동·서로 마주 서 있는 2기의 탑으로 쌍탑 형식이며 2단의 기단 위에 3층의 탑신을 올린 모습으로 두 탑 모두 같은 양식입니다.

사리장엄구

군위군

1. 군위 지보사 삼층석탑 보물 제682호(고려시대)
지보사 경내에 자리하고 있는 석탑으로, 2단의 기단 위에 3층의 탑신을 올린 아담한 모습으로 기단 아래층에는 사자 모양의 동물상을, 위층에는 팔부중상을 새겨 넣었습니다.

예천군

1. 예천 개심사지 오층석탑 보물 제53호(고려시대)
고려 현종 원년(1010)에 세워진 탑으로 아래층기단은 4면마다 둥근 테두리 선을 새기고 그 안에 머리는 짐승, 몸은 사람인 십이지신상을 차례로 조각하였고 위층기단은 4면의 가운데에 기둥 모양을 새겨 면을 나눈 다음 그 안에 팔부중상을 새겨 놓았습니다. 팔부중상은 통일신라시대와 고려시대에 걸쳐 석탑의 기단에 많이 나타납니다.

2. 예천 동본리 삼층석탑 보물 제426호(통일신라시대)
규모가 그리 크지는 않지만, 몸돌의 줄어드는 비율과 지붕돌의 크기 등에 짜임새가 있는 아름다운 탑으로 기단의 가운데 돌에는 사천왕상이 조각되어 있습니다.

청도군

1. 청도 봉기리 삼층석탑 보물 제113호(통일신라시대)

2단의 기단 위에 3층의 탑신을 올린 탑으로 통일신라시대 8세기 중엽의 석탑입니다.

2. 청도 장연사지 동·서 삼층석탑 보물 제677호(신라시대)

9세기 통일신라시대에 세워진 것으로 짐작되는 동·서삼층석탑입니다.

3. 청도 운문사 동·서 삼층석탑 보물 제678호(신라

고려시대의 승려 일연이《삼국유사》를 저술하였던 곳에 있는 삼층석탑으로 이 2기의 탑은 2단의 기단 위에 3층의 탑신을 모습으로 규모와 양식이 서로 같습니다.

칠곡군

1. 칠곡 송림사 오층전탑 보물 제189호(통일신라시대)

흙으로 구운 벽돌을 이용해 쌓아올린 오층전탑으로 탑을 받치는 기단 1단은 벽돌이 아닌 화강암을 이용하였습니다.

2. 칠곡 기성리 삼층석탑 보물 제510호(통일신라

기단이 2단으로 이루어진 점과 지붕돌 밑면의 받침수가 5단 점 등으로 보아 통일신라시대에 세워진 것으로 기단에 안상 새겨 두었다는 점이 특이합니다.

사리장엄구(보물 제325호)

상주시

1. 상주 화달리 삼층석탑 보물 제117호(통일신라시대)

사벌국의 왕릉이라고 전해지는 곳의 서쪽에 있는 탑으로, 1단의 기단 위에 3층의 탑신을 올린 형태입니다.

울진군

1. 울진 구산리 삼층석탑 보물 제498호(통일신라시대)

2단의 기단 위에 3층의 탑신을 올린 탑입니다.

경산시

1. 경산 불굴사 삼층석탑 보물 제429호(통일신라시대)

신라 신문왕 10년(690)에 만들어진 이 탑은 2단의 기단 위에 3층의 탑신을 쌓아올린 형식으로 신라석탑의 일반적인 양식을 따르고 있습니다.

2. 상주 상오리 칠층석탑 보물 제683호(고려시대

1층 몸돌은 3개의 돌로 구성되어 있으며, 서리에는 기둥 모양이 새겨져 있고 동쪽 면 문짝 모양의 조각이 있습니다.

성군

성 탑리리 오층석탑 국보 제77호(통일신라시대)

돌을 벽돌 모양으로 다듬어 쌓아올린 전탑양식과 목조건축의 수법을 동시에 보여주는 특이한 구조를 가지고 있습니다.

2. 의성 관덕리 삼층석탑 보물 제188호(통일신라시대)

아래층기단의 4면에는 가운데에 기둥 모양의 조각을 하나씩 새기고, 조각에 의해 나누어진 8곳에 비천상을, 위층기단에도 기둥을 중심으로 왼쪽에는 사천왕상을, 오른쪽에는 천부상을 새겼는데, 모두 부처의 법을 보호하고 지키는 신으로 이들을 이렇게 복합적으로 표현한 것은 보기 드문 형태입니다.

3. 의성 빙산사지 오층석탑 보물 제327호 (시대미상, 통일신라시대 후기~고려 전기 사이)

탑의 형태는 1층 기단 위에 5층 탑신을 올린 모전석탑입니다.

사리장엄구

동시

동 법흥사지 칠층전탑 국보 제16호(통일신라시대)

에 남아 있는 가장 크고 오래된 전탑 기단의 각 면에는 화강암으로 조각된 중상과 사천왕상을 세워놓았고, 기단 면에는 계단을 설치하여 1층 몸돌에 진 감실을 향하도록 되어 있습니다.

2. 안동 운흥동 오층전탑 보물 제56호(통일신라시대)

무늬 없는 벽돌로 5층을 쌓았고 몸돌에는 층마다 불상을 모시기 위한 방인 감실을 설치했고 2층 남쪽 면에는 2구의 인왕상을 새겼습니다.

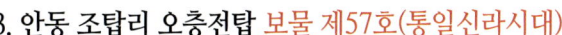

3. 안동 조탑리 오층전탑 보물 제57호(통일신라시대)

화강암 석재와 벽돌을 혼용해서 만든 특이한 탑으로 지붕돌에는 안동에 있는 다른 전탑과는 달리 기와가 없습니다.

4. 안동 평화동 삼층석탑 보물 제114호(통일신라시대)

기단을 위아래 2단으로 꾸민 삼층석탑으로 아래층기단에 아름다운 안상이 새겨져 있습니다.

천시

천 신월리 삼층석탑 보물 제465호(통일신라시대)

집 모양의 탑신을 3층으로 아올린 석탑이며 위층 각 면에는 팔부중상을 놓았습니다.

문경시

1. 문경 내화리 삼층석탑 보물 제51호(통일신라시대)

기단 맨 윗돌 위의 괴임대가 생략되고, 기단이 1층으로 처리되는 등 시대적 특색을 보이는 석탑입니다.

2. 문경 봉암사 삼층석탑 보물 제169호(통일신라시대)

통일신라시대 헌덕왕(재위 809~826) 때 세워진 것으로 추정되는 탑으로 통일신라시대의 석탑은 기단이 2단이나, 현재 땅 위로 드러나 있는 이 탑의 기단은 1단입니다 머리 장식 모두가 완전히 남아 있어서 한국 석탑의 기준이 되는 귀중한 탑입니다.

천 화남리 삼층석탑 보물 제675호(신라)

의 지붕돌과 몸돌은 하나의 돌로 조각한 적인 통일신라시대의 석탑양식을 따르고 다.

김천시

1. 김천 청암사 수도암 동·서 삼층석탑 보물 제297호(통일신라시대)

두 탑은 통일신라시대 중기 이후에 만들어진 것으로 짐작되며, 동탑은 1층 몸돌의 위가 좁고 감실을 두고 있다는 점이 특징이고 서탑은 지붕돌 밑의 간격과 지붕돌이 넓다는 것이 특징입니다.

2. (전) 구미 강락사지 삼층석탑 보물 제1186호(통일신라시대)

1단의 기단 위에 3층을 탑신을 세우고 머리장식을 얹은 구조로 되어 있습니다.

3. 문경 도천사지 동·서 삼층석탑 보물 제606호(통일신라시대)

원래 경북 문경의 도천사 터에 쓰러져 있던 것을 이곳(김천 직지사 경내)으로 옮겨 놓은 것으로 두 탑 모두 각 부분의 양식이 같아서 1단의 기단 위로 3층의 탑신을 하고 있습니다.

4. 문경 도천사지 삼층석탑 보물 제607호(통일신라시대)

직지사 비로전 앞에 세워져 있는 삼층석탑으로 경상북도 문경 옛 도천사 터에서 옮겨온 것입니다.

영주시

1. 영주 부석사 삼층석탑 보물 제249호(통일신라시대)

문무왕 16년(676) 부석사를 창건할 당시에 만들어진 것으로, 아래층기단의 너비가 매우 넓고, 1층 몸돌 또한 높이에 비해 너비가 넓어서 장중해 보입니다.

영양군

1. 영양 산해리 오층 모전석탑 국보 제187호(통일신라시대)

봉감리에 있다고 해서 봉감 모전 오층석탑이라고도 하며, 기단은 흙과 돌을 섞어 낮게 바닥을 깔고 10여 개의 길고 큰 돌을 짜서 쌓았고, 탑신은 벽돌 모양의 돌로 쌓으며, 1층 몸돌에는 감실이 있는데, 감실 양쪽에 둔 2개의 화강암 기둥과 이맛돌의 섬세한 조각이 장식적인 효과를 더해주고 있습니다. 2층 이상의 몸돌은 독특하게도 중간정도의 높이마다 돌을 돌출되게 내밀어 띠를 이루고 있고, 지붕돌은 전탑의 양식에 따라 위아래 모두 계단 모양의 층을 이루고 있으며, 처마의 너비는 좁아져 있습니다.

2. 영양 화천리 삼층석탑 보물 제609호(통일신라시대)

아래층기단에는 십이지신상이 한 면에 3구씩 새겨져 있는데 손에는 각각 무기를 들고 앉아 있는 모습이고 위층기단은 8곳에 팔부중상을 새겼으며, 1층 몸돌 4면에는 사천왕상 1구씩을 뚜렷이 드러나도록 조각했는데 이는 악귀를 밟고 있는 모습이 전형적인 통일신라시대 석탑입니다.

3. 영양 현리 삼층석탑 보물 제610호(통일신라시대)

아래층기단에는 십이지신상을 한 면에 3구씩 새겼고 위층기단은 각 면마다 팔부중상이 있고 탑신의 1층 몸돌에는 각 면마다 사천왕상을 새겼습니다.

경주시

1. 경주 불국사 다보탑 국보 제20호(통일신라시대)

우리나라의 가장 대표적인 특수형 석탑입니다. 다보탑은 그 층수를 헤아리기가 어려운데 십자 모양 평면의 기단에는 사방에 돌계단을 마련하고, 팔각형의 탑신과 그 주위로는 네모난 난간을 돌렸으며 기단의 돌계단 위에 놓여 있던 네마리의 돌사자 가운데 3마리가 일제에 의해 약탈되어 현재 1마리의 돌사자가 남아 있습니다.

2. 경주 불국사 삼층석탑 국보 제21호(통일신라시대)

우리나라 일반형 석탑을 대표하는 삼층석탑입니다. 탑의 원래 이름은 '석가여래상주설법탑'으로, '석가탑'이라고 줄여서 부릅니다. 통일신라시대 경덕왕 10년(751)에 조성된 것으로 추측되며, 일명 '무영탑(그림자가 비치지 않는 탑)'이라고도 불리는데, 여기에는 석가탑을 지은 백제의 석공 아사달을 찾아 신라의 서울 서라벌에 온 아사녀가 남편을 만나보지도 못한 채 연못에 몸을 던져야 했던 슬픈 전설이 서려 있습니다.

3. 경주 분황사 모전석탑 국보 제30호(신라시대)

현재 남아 있는 신라석탑(선덕여왕 3년(634)) 가운데 가장 오래된 걸작품으로, 돌을 벽돌 모양으로 다듬어 쌓아올린 모전석탑으로 원래 9층이었다는 기록이 있으나 지금은 3층만 남아 있고 기단은 벽돌이 아닌 자연석으로 이루어져 있으며 네 모퉁이마다 화강암으로 조각된 사자상이 1마리씩 앉아 있습니다. 1층 몸돌에는 4면마다 문을 만들고, 그 양쪽에 불교의 법을 수호하는 인왕상이 있고 지붕돌은 위아래 모두 계단 모양의 층을 이루고 있는데, 3층 지붕돌만은 윗면이 네 모서리에서 위쪽으로 둥글게 솟은 모양이며, 그 위로 화강암으로 만든 활짝 핀 연꽃장식이 놓여 있습니다.

4. 경주 황복사지 삼층석탑 국보 제37호(통일신라시대)

통일신라시대 신문왕이 돌아가신 후 그 아들인 효소왕이 아버지의 명복을 빌고자 세운 탑(692)으로, 2단의 기단 위에 3층의 탑신을 세운 모습이며, 이후 효소왕의 뒤를 이은 성덕왕이 즉위한 지 5년 만인 706년에 사리와 불상 등을 다시 탑 안에 넣어 앞의 두 왕의 명복을 빌고, 왕실의 번영과 태평성대를 기원하였습니다.

5. 경주 고선사지 삼층석탑 국보 제38호(통일신라시대)

원효대사가 주지로 있었던 고선사의 옛 터에 세워져 있던 탑으로 2단의 기단 위에 3층의 탑신을 쌓아 놓은 모습인데, 통일신라시대 석탑양식의 전형적인 형태입니다.

6. 경주 나원리 오층석탑 국보 제39호(통일신라시대)

천년의 세월이 흐른 지금까지도 순백의 빛깔을 간직하고 있는데, 이로 인해 '나원 백탑'이라 부르기도 합니다. 2층기단에 5층의 탑신을 세운 모습입니다.

7. 경주 정혜사지 십삼층석탑 국보 제40호(통일신라시대)

흙으로 쌓은 1단의 기단 위에 13층의 탑신을 올린 모습인데, 통일신라시대에서는 그 비슷한 예를 찾아볼 수 없는 독특한 모습입니다.

8. 경주 감은사지 동·서 삼층석탑 국보 제112호(통일신라시대)

감은사 터에 있는 쌍탑으로 신문왕 2년(682)에 세운 탑으로 서로 같은 규모와 양식을 하고 있으며, 옛 신라의 1탑 중심에서 삼국통일 직후 쌍탑가람으로 가는 최초의 배치를 보이고 있습니다.

동 삼층석탑 사리장엄구(보물 제1359호)

서 삼층석탑 사리장엄구(보물 제366호)

9. 경주 장항리 서 오층석탑 국보 제236호(통일신라시대)

탑의 1층 몸돌 각 면에 한 쌍의 인왕상을 정교하게 조각해 놓은 것이 특이한데, 이러한 현상은 8세기 전반기에 처음 나타나는 것으로 이 탑의 독특한 특징이 되고 있습니다.

10. 경주 서악동 삼층석탑 보물 제65호(통일신라시대)

모전탑 계열에 속하는 탑으로 기단은 주사위 모양의 커다란 돌덩이 8개를 2단으로 쌓은 독특한 형태로 이루어져 있으며 1층 몸돌에는 큼직한 네모꼴 감실을 얇게 파서 문을 표시하였고 문 좌우에는 1구씩의 인왕상이 문을 향해 조각되어 있습니다.

11. 경주 효현동 삼층석탑 보물 제67호(통일신라시대)

신라 법흥왕이 죽기 전까지 승려로서 불도를 닦았다는 애공사가 있었던 곳이라 전해오기도 하는 곳에 있는 이 탑은 2단의 기단 위에 3층의 탑신을 세운 모습입니다.

13. 경주 무장사지 삼층석탑 보물 제126호(통일신라시대)

문무왕이 삼국을 통일한 후 '병기와 투구를 장한 곳'이라는 뜻으로 '무장사'라는 이름이 여겼습니다. 전형적인 신라석탑으로 위층기은 동그란 안상을 각 면에 2개씩 조각하였니다.

12. 경주 남산동 동·서 삼층석탑 보물 제124호(통일신라시대)

불국사의 석가탑과 다보탑처럼 형식을 달리하는 쌍탑이 동서로 건립된 특이한 예의 두 탑으로 동탑은 돌을 벽돌 모양으로 다듬어서 쌓아올린 모전석탑의 양식을 취하고 있고, 서탑(2단의 기단은 한 면을 둘로 나누어 팔부중상을 새겼다)은 전형적인 삼층석탑의 양식입니다.

14. 경주 천군동 동·서 삼층석탑 보물 제168호(통일신라시대)

두 탑 모두 2단의 기단 위에 3층의 탑신을 세이며 규모와 수법이 같습니다.

15. 경주 남산 용장사곡 삼층석탑 보물 제186호(통일신라시대)

매월당 김시습이 《금오신화》를 쓰며 머물던 곳으로 잘 알려져 있으며, 절을 감싸고 뻗은 동쪽 바위 산맥의 높은 봉우리에 서 있는 이 탑은 2단의 기단 위에 세워진 삼층석탑입니다.

16. 경주 남사리 삼층석탑 보물 제907호(통일신라시대)

석탑양식에 간략과 생략이 심했던 9세기 말에 만들어진 탑입니다.

경주 용명리 삼층석탑 보물 제908호(통일신라시대)

의 기단 위에 3층의 탑신을 세운 모습입니다. 통일신라시대 전성기인 8세기 중엽에 세워진 것이며 1943년 해체하여 수리할 때 청동불상 1구가 나왔습니다.

18. 경주 석굴암 삼층석탑 보물 제911호(통일신라시대)

2층을 이루는 기단은 원형과 8각이 조화를 이루고 있어 특이한 모습이며 그 위로 4각의 탑신을 3층으로 쌓아올렸습니다.

경주 마동 삼층석탑 보물 제912호(통일신라시대)

아래층기단은 4매, 위층기단은 8매의 돌로 짜여 있고 각 층 모두 모서리에 하나씩, 가운데에 2개씩 기둥 모양을 본떠 새겼으며 3층을 이루는 탑신의 몸돌과 지붕돌은 각각 한 돌로 되어 있고 지붕돌은 밑면의 받침이 5단 이며, 네 귀퉁이와 아랫면에는 방울을 달았던 구멍이 남아 있습니다.

20. 경주 남산 천룡사지 삼층석탑 보물 제1188호(통일신라시대)

통일신라시대 후기인 9세기경에 만들어진 탑입니다.

21. 경주 원원사지 동·서 삼층석탑 보물 제1429호(통일신라시대)

동·서 쌍탑은 같은 구조와 양식으로 조성된 2중 기단의 3층석탑이며, 상층 갑석 4면의 각 기둥 사이에는 연화좌 위에 앉아 있는 십이지상을 조각하였는데 이들의 머리는 짐승이지만 몸체는 평복을 입은 사람의 모습이며 옷자락이 하늘로 날리고 있는 형상을 하고 있습니다.

영덕군

1. 영덕 유금사 삼층석탑 보물 제674호(통일신라시대)
2단의 기단 위에 3층의 탑신을 올린 형태로서 통일신라시대 후기에 세워진 탑입니다.

성주군

1. 성주 법수사지 삼층석탑 보물 제1656호(통일신라시대)
신라 애장왕 3년(802)에 조성된 석탑으로 높이는 5.8m이며, 상하 2층 기단에 3층의 탑신부를 올린 형태입니다.

대구광역시

보물 3

1. 대구 동화사 비로암 삼층석탑 보물 제247(통일신라시대)
통일신라시대 경문왕 3년(863)에 민애왕의 명복을 빌고자 만든 탑입니다.

2. 대구 동화사 금당암 동·서 삼층석탑 보물 제248호(통일신라시대)
동·서로 서 있는 2기의 석탑으로, 두 탑 모두 2단의 기단 위에 3층의 탑신을 세운 모습으로 통일신라시대 후기의 전형적인 탑입니다.

3. 칠곡 정도사지 오층석탑 보물 제357호(고려시대)
고려 현종 22년(1031)에 세워진 탑으로 아래층기단에는 각 면에 안상을 3구씩 조각하였는데 무늬의 바닥선이 꽃 모양처럼 솟아오르고 있고 위층기단에는 각 면 중앙에 기둥 모양을 새겼고 각 기단의 맨 윗돌은 약간의 경사를 이루었으며, 윗돌 윗면에 1단의 괴임을 두어 특별한 예에 속합니다.

현묵 김광호 선생님은

1999년에 대한 불교 조계종 포교대상 원력상 등을 수상했고, 동국대학교(경주) 불교아동학부 객원교수 및 불교아동 연구소 수석연구원, 평생교육원 교수 협의회 회장, 부산불교 문화원 원장으로 재직 중에 계십니다.
저서로는 <엄마 따라 절에 가기>, <아빠 왜 절에 안가>, <어린이 한국사 용어 사전>,
<국보 보물 문화유산을 찾아서 서울시(종로구) 편 외 총 13종>등이 있습니다.

한눈으로 보는 안국의 탑

1판 1쇄 인쇄 2016년 5월 20일
1판 1쇄 발행 2016년 5월 25일

글 | 현묵 김광호
사진 | 김상일
발행처 | 혜성출판사
발행처 주소 | 서울시 동대문구 신설동 114-91 삼우 B/D A동 205호
전화 | 02)2233-4468   FAX | 02)2253-6316
디자인 | 홍은숙, 오영아
인쇄 | 삼진프린텍
등록번호 | 제6-0648호
홈페이지 | http://www.hyesungbook.com

정가 15,000원

ISBN 979-11-86345-19-1(96910)

* 이 책의 무단복제 또는 무단전재는 법으로 금지되어 있습니다.